心/灵/成/长/系/列

生命，

值得我们来过

胡修金 / 著

中华工商联合出版社

图书在版编目（CIP）数据

生命，值得我们来过／胡修金著.—北京：中华
工商联合出版社，2020.10
　ISBN 978-7-5158-2830-5

Ⅰ.①生…　Ⅱ.①胡…　Ⅲ.①生命哲学－通俗读物
Ⅳ.①B083-49

中国版本图书馆 CIP 数据核字（2020）第 159257 号

生命，值得我们来过

作　　者：	胡修金
出 品 人：	刘　刚
责任编辑：	胡小英
封面设计：	田晨晨
版式设计：	北京东方视点数据技术有限公司
责任审读：	郭敬梅
责任印制：	陈德松
出版发行：	中华工商联合出版社有限责任公司
印　　刷：	盛大（天津）印刷有限公司
版　　次：	2020 年 10 月第 1 版
印　　次：	2024 年 1 月第 4 次印刷
开　　本：	710mm×1020mm　1/16
字　　数：	190 千字
印　　张：	14.25
书　　号：	ISBN 978-7-5158-2830-5
定　　价：	68.00 元

服务热线：010-58301130-0（前台）
销售热线：010-58302977（网店部）
　　　　　010-58302166（门店部）
　　　　　010-58302837（馆配部、新媒体部）
　　　　　010-58302813（团购部）
地址邮编：北京市西城区西环广场 A 座
　　　　　19-20 层，100044
http://www.chgslcbs.cn
投稿热线：010-58302907（总编室）
投稿邮箱：1621239583@qq.com

工商联版图书

让生命教育植根于学校教育之中

肖　川

一

五年来，中小学贯彻《国家中长期教育改革和发展规划纲要（2010－2020年）》精神，在实施生命教育方面有了很大进展，但发展不平衡。对于生命教育的理解，许多人还停留在比较模糊的阶段。对生命教育的真正价值和意义、生命教育的内涵和具体实施方法，不少教育工作者还一头雾水，或人云亦云。

我以为，生命教育作为一种教育理念，它关注学生幸福成长的价值追求；作为一种教育策略，它是充满生命关怀的教育过程；作为一个课程领域，它包含了丰富的课程资源。生命教育旨在帮助学生理解生命的意义，增强生命尊严的意识，提高生命质量，为学生未来拥有美好的人生奠基。

生命教育强调将学生成长中的欣喜、挫折、烦恼和困顿等生命经历和感受，作为教育的契机和资源，引导学生正视自我，通过反求诸己、反身而诚来获得人生的真理与智慧。

生命教育强调建立积极的师生关系，教师应努力成为学生"生命中的贵人"，学生对老师的付出要充满敬意与感恩，整个教育过程充满生命的情怀。

生命教育强调提升教师的生命素养，提升教师生活的幸福指数，关注教师的职业认同感、自豪感和成就感，让教师这个职业既受人尊敬又令人羡慕。

……

总之，生命教育是基于生命的教育，是充满生命情怀的教育，是致力于捍卫生命的尊严、激发生命的潜能、提升生命的品质、实现生命价值的教育。

二

我走访过许多地方的生命教育实验学校，发现这些实验学校开展了很多卓有成效的工作，创造出了不少宝贵的经验。

学校开展生命教育实验，并不是要去发现什么真理、什么规律，最重要的是用先进的教育理念武装教师，明确教育追求的方向，并以其高贵的思想和情怀引领学生的生命成长。生命从哪里来、到哪里去……这些内容的教学，就是围绕"张扬人的主体性""培养具有独特个性的人"等主题来展开的，目的是引导青少年做一个乐观、自信、开朗、友善、愿意奉献社会的人。

学校开展生命教育实验，必须建设充满生命情怀的校园文化，让学生浸润其间。生命化的校园和生命化的课堂能给学生更多的感动与温暖。如果一个教师厌教，那么任何方法和策略都是不管用的。所以，首先要改善教师的生命状态，使之幸福、乐观，让教师能感受到校园生活的美好。其次，才是依靠广大教师去"营造一种使学生潜心学习的氛围。那是一种充满诱惑力，以致学生虽深陷困难却不愿放弃的氛围；一种具有极强挑战性，能使学生产生成就感和满足感的氛围，特别是一种能使学生享有完成学习任务后的快乐的氛围"。

泰戈尔说："教育的目的是向人传递生命的气息。"这应该是学校生命教育的最基本价值追求。让教育世界充满仁爱、信任和希望，是社会对学校生命教育最大的期盼！

三

尽管生命教育的理念在我国教育界已得到了广泛的认同，并有了初步的实践，但是，我国至今还没有生命教育的行动纲领和课程标准，许多教师对生命教育课程的意义、目标、内涵与组织实施认识模糊，理解失当，许多学校出现"无人教"和"不知教"的状况。在这样的背景下，如何让生命教育真正植根于我们的中小学校，生命教育课程资源开发应用和教学策略的研究就显得相当重要和十分迫切。

胡修金先生是全国教育科学"十一五"规划课题"中小学生命教育的理论与实践研究"和"十二五"规划课题"生命教育课程资源开发应用研究"课题组的核心成员，十多年来一直致力于生命教育课程、教材、教法的研究，积累了丰富的资源与经验，也为课题研究贡献了不少有见地的新思路、新观点。特别是胡先生有几十年的基层教学、教研经验，对中小学有深入的了解，是非常优秀的具有深厚实践关怀的教育专家。前几年，胡先生就和我聊起过基层学校需要进行生命教育启蒙培训的事。没想到，他很快就有了这一套读本。《让教育的生命之花尽情绽放——中小学生命教育的探索与认识》，讲"生命教育是什么"；《生命，值得我们来过》，讲"生命教育教什么"；《让生命沐浴在爱的阳光下——生命教育课程故事》，讲"生命教育怎么教"。 这是一个完整的生命教育培训系列。我知道，其中的《让生命沐浴在爱的阳光下——生命教育课程故事》主要谈生命教育教学的基本策略与方法，已经由北京师范大学出版社在2010年出版发行。

翻阅两本新的书稿，很多新的研究成果娓娓道来，令人目不暇接。《让教育的生命之花尽情绽放——中小学生命教育的探索与认识》分九个章节，分别是基本概念、内涵分析、理论支撑、历史回顾、课程建构、教材研制、教学实施、资源开发与利用以及教师培训等；同时，这本书还推出了项目组完成的《中小学生命教育课程标准》（讨论稿）。《生命，值得我们来过》，则以"生命认知与敬畏""生命尊重与珍爱""生命道德与伦理""生命技能与智慧"和"生命成全与幸福"等关键词为切入点，探讨了生命教育课程的认知与体验系统的基本架构：课程的领域、主题与单元。

我以为，学校生命教育要持续发展，必须走常态化、课程化的发展之路。生命教育在学校的教育目标是什么、有哪些实施渠道、教学的载体是什么、怎样组织与实施、如何管理与评价这些都必须通过实验研究，探索出来。这套读本在一定程度上回答了以上问题。尤其是关于课程基本理念的研究、教材编辑思路的提出，具有开创性意义。

生命教育教什么、怎么教，是学校实施生命教育两大关键点。这套读本深入浅出，有系统的描述，又穿插有大量鲜活的教育案例，直击青少年生命成长中的问题与困惑，很多内容可以直接作为教学资源，成为学校生命教育活动内容的蓝本。

这套读本以"十一五"和"十二五"课题研究为背景，及时地将课题科研成果转化为基层学校实施生命教育可资借鉴的操作经验，创造了一个很好的先例。相信这种创造会对广大教师有所启发。

我真诚地希望，因为这套著作的出版，有越来越多的学校加入到生命教育的实验与推广中来，有越来越多的教师投身于学校生命教育的教学实践。

2015年12月18日

（肖川，北京师范大学教育学博士、教授、博士生导师；北京师范大学生命教育研究中心主任；教育部"十一五"规划课题《中小学生命教育的理论与实践研究》和"十二五"规划课题《生命教育课程资源开发应用研究》的首席专家；我国生命教育领域的开拓者之一。）

前言
Foreword

　　在生命教育实施过程中，我们首先就遇到认知与体验系统的构建问题。作为一门新兴课程，生命教育能否像学科课程那样建立起自己的认知与体验系统，这是生命教育能否自成体系的关键所在。

　　生命教育既要体现生命孕育、成长、衰老，以致死亡的纵向发展，又要呈现生命从"自然人"到"社会人"，即人的认知、情感、道德、伦理、意志、行为以及人生观、价值观的横向演变。因而，我们必须首先寻找到生命教育的认知与体验系统的基本架构。

　　在台湾地区，生命教育课程分为身心、伦理、生涯、社会、宗教及生死等六种取向。每一取向的课程都有自己的知识与体验系统，比如"身心健康取向"的生命教育课程，以"认识人体结构、保持身心健康、预防疾病药物、保护自然环境、坚持体育锻炼、认识营养健康"等认知与体验元素为课程架构。然后，分别从认知、情意、行为、价值等层面展开。

　　我国正处在一个转型时期，各种社会矛盾错综复杂，青少年价值观迷惘、心理扭曲、漠视生命等生命成长问题逐步显现，加之，近年来各类安全事故频发，青少年生命安全受到前所未有的关注，因此，生命教育课程首先必须回应"安全""健康"与"幸福"等生命成长中最基本的问题。于是，一条以生命成长为主线、以生命安全为辅线的中小学生命教育思路逐渐清晰起来。这是生命教育对我国"和谐社会"建设做出的积极反应。

　　如何遵循不同年龄段学生生理、心理特点和教育教学规律，由低向高，循序渐进，全面系统地对学生进行生命教育呢？经过实验探索，我们把生命教育的认知与体验领域定位于"生命认知与敬畏""生命尊重与珍爱""生命道德与伦理""生命技能与智慧"和"生命成全与幸福"等五个核心理念。我们认为，这五个核心理念涵盖了人的生命成长的关键点，如能在不同年级依次展开，便可形成一个螺旋上升的认知与体验系统。

生命认知与敬畏。生命认知重在对各种生命现象、生命奥秘的认识与了解；生命敬畏重在对生命哲学、人性伦理等深层次问题的认知与探讨，以建立起基本的生命观与敬畏感。生命认知与敬畏是形成生命意识，丰富生命情感，发展生命智慧，提升生命质量的前提和基础。

生命尊重与珍爱。生命尊重强调引导中小学生尊重生命的需要与权力，尊重生命的人格与地位，包括尊重自我生命和他人生命；生命珍爱是指要精心呵护生命，不要漠视生命、伤害生命。生命尊重与珍爱是生命意识的具体化、行为化的过程，是对待生命应有的基本态度和行为方式。

生命道德与伦理。生命成长过程不是孤立的，存续于一定的社会关系之中。生命道德就是调整人与生命关系，包括人与自己生命、人与他人生命以及与他类生命之间的关系；生命伦理重在引导学生正确认识并践行珍爱生命、尊重他人、诚实守信这些基本的为人之道及安乐死、克隆人、器官移植与交易等社会伦理。生命道德与伦理强调的是人的生命过程中需要遵守的道德底线和伦理规范。

生命技能与智慧。生命技能是人们生存与生活的一般生命实践能力，诸如维持正常生活，保全生命安全、应对生命中的突发事件等；生命智慧是生命实践能力高一层次的表现形态，是生命中情商与智商相结合所激发出来的创造性才能。培养学生的生命实践能力，是生命教育的重要目的。

生命成全与幸福。生命成长需要经过一个漫长的过程。生命成全就是要帮助学生健康成长、全面发展、保持个性，这是基本要求；生命幸福就是要积极进取、快乐生活、奉献社会，这是理想追求。引导中小学生从一个"自然人"转变为一个"社会人"的过程，就是帮助学生建立正确的人生观、价值观，成全生命幸福的过程。

每一个认知与体验领域都由若干个活动主题所构成，比如，在"生命认知"领域，我们确定了"生命现象""生命的摇篮""生命的阶段""生命的营养""生命的需要""青春期的烦恼""生命的延续"等主题；在"生命敬畏"领域，我们确定了"我从哪里来""身体的功能""生命的奥秘""生命的潜能""生命的局限"及"坦然面对死亡"等主题。年级不同，课程主题不尽相同。如果说核心理念是一条主线的话，那么，这些活动主题就是主线上的一颗颗珍珠。"一线串珠"构成了生命教育课程体系的基本单元。

关于主题的设置，虽然我们强调丰富多彩、鲜活生动，但必须建立在一定的理性框架之内，形散神聚。比如高年级的生态伦理体验教学，我们没有局限于生态伦理的知识教学，而是从认识大自然的生命现象，及其大自然与人类的关系入手，让学生先认识大自然生命的多姿多彩，感知自然对人类的恩赐，再认识人类对大自然的利用与伤害，进而反思人类与大自然的关系，最后悟出保护大自然要从我做起、从现在做起、从身边的小事做起的道理。因此，生命教育中的生态伦理教育不会是生物教学，也不会是生态哲学教育，它是与生命息息相关以生命伦理为特色的生态意识教育，是生态道德与伦理的启蒙教育。

课程资源是构成生命教育课程的内核，也是课程主题的基本载体。因此，我们分别从环境与大自然、图书与文献、多媒体与网络、家庭与社会、学校与学科课程、教师与学生等方方面面开发课程资源，以充实我们的课程内容。比如，在生命教育中，教师资源是最重要、最活跃的课程资源。教师的学识、人格、对待学生的态度及教学方式等，都是课程的直接构成要素，适当运用必将对学生的成长产生潜移默化的影响。因此，张莉丽老师车轮下勇救学生、秦开美老师智斗歹徒呵护学生的故事，都成为生命教育最鲜活的教材。

在生命教育实施过程中，常有老师问：生命教育课程究竟教什么？这的确不是一两句话可以说明白的。我只能说，学生生命成长中所遭遇的问题都是我们生命教育应该关注的，比如爱的缺失、青春期的烦恼、学业困扰，等等。因此，本书在讨论生命教育课程资源开发的领域与主题时，多从青少年的生存现状出发，尽量照顾到他们生命中的种种需要。在章节的后面，还设计了一些思考性的问题，旨在与大家一道探讨有关生命教育"教什么"的问题。生命教育不可能有统一的教材，但青少年生命成长中所面临的问题有很多却是相似的。

胡修金

2016年1月

目录 Contents

第一章 生命认知与敬畏

第二章　生命的尊重与珍爱

第三章 生命伦理与道德

第四章 生命技能与智慧（上）

第五章　生命技能与智慧（下）

第六章　生命成全与幸福

生命成长需要经历孕育、出生、成长、成年、衰老以及死亡这样一个漫长的过程，其间必然有很多重要的节点，比如孩童时期对自我性别的认识：男孩和女孩有什么不一样？我为什么不是女孩（男孩）？再比如，青春期阶段，少男少女们身心发展的平衡，导致人际交往中的冲突加剧，烦恼不断……这些生命的节点，正是生命教育的重点与难点。

生命教育是否也需要有一个课程的认知体系呢？回答是肯定的。但要找到一个相对科学的体系谈何容易！在为学生的幸福人生奠基这一主旨下，我们确定以学生的生命成长为主线，构筑生命教育的认知体系。在2006年人民出版社出版的《生命教育》和2013年人民教育出版社出版的《生命教育》中，我们先后以"关注生命""尊重生命""珍爱生命""欣赏生命""成全生命""敬畏生命"和"生命认知""生命智慧""生命情怀""生命成长"等核心理念来勾勒生命教育的认知体系，旨在构建出一个以生命成长为主线，以生命成长中的矛盾冲突为重点，以相关学科知识为基础的生命教育认知序列。实践证明，这些探索是有意义的。因为它既解决了生命教育教什么的问题，又解决了教学的内在性逻辑问题。

为了与广大教育工作者分享生命教育课程资源开发方面的成果，也为了进一步探讨生命教育课程建构的诸多策略，本书将分五个章节讨论有关生命教育"教什么"的问题。[①]

----

① 本研究为"全国教育科学'十二五'规划2011年单位资助教育部规划课题《生命教育课程资源开发应用研究》（课题批准号：FHB110073）"研究成果。

第一章
生命认知与敬畏

生如夏花之绚烂，死如秋叶之静美。

——〔印度〕泰戈尔

认识生命现象是生命教育的起点。生命教育首先必须引导学生认识和理解各种生命现象，包括认识生命的特征、奥秘，生命成长的过程、规律及其与社会各方面的关系等。人作为具有认识能力和思维能力的生命体，对自我生命的体认、判断和理解是生命成长的重要基础。认识生命的各种特性，才能正确理解生命，获得正确的生命活动理性认识以及积极的生命情感体验，切实对生命充满敬畏感。当然，这种认知不是纯知识的灌输性、记忆性教育。生命认知是基于学生的生活体验，引导学生通过对生命现象的感觉、知觉、观察、理解、思维等认识活动，形成对生命现象的整体认识，掌握基本的生命知识，正确理解和判断生命现象。

根据学生的年龄和认知特点，我们可以将生命认知划分为若干个层次。生命认知的第一个层次是对各种生命现象或者生命奥秘的感知与了解；第二个层次是对生命与一定自然环境、社会环境关系的理解与适应；第三个层次是对人的生命哲学、人性伦理等深层次问题的认知与探讨。

青少年只有在对生命的认知中才能逐步建立起基本的生命观与敬畏感。生命认知与敬畏是形成生命意识，丰富生命情感，发展生命智慧，提升生命质量的前提和基础。

第一节　生命的繁衍

地球是生命的摇篮，也是生命的乐园。从险峻的高山峡谷到坦荡的戈壁平原，从寒冷的极地冰川到神秘的海沟大洋，生命无处不在，有低级的藻类生命，也有高级的人类生命。为了适应环境，地球上的生命由简单到复杂，由低级到高级，已经延续传承了几十亿年。

那么，地球上的生命是怎样产生的呢？我们是从哪里来的呢？自从人类诞生以来，人们对这些问题有过无穷无尽的追问与猜想。在西方，最著名的应该算是上帝创世造人的传说；在中国，古人演绎了盘古开天辟地、女娲造人的故事。传说固然美好，但生命的起源仍旧是一个谜团，困扰着一代又一代的人们。

1. 生命的本质

现代科学认为，生命是物质的运动形态，细胞是生命的基本单位。生命是由蛋白质、核酸、脂类等生物大分子组成的物质系统。在生命活动中，蛋白质起着极为重要的作用，如构成生物体的骨架，催化生物化学过程，调节生长、发育、生殖等生理机能。

2. 生命的来源

科学研究发现，出现在地球上的最原始的生命形式应是那些看似微不足道的藻类——一种像果冻一样的、大片大片漂浮在水面的生物。这种生物便是地球生命的起源。随后，才出现第一种动物性的生命体——低等的草履虫。这是一种单细胞动物，一种像水母一样的东西，是无脊椎动物……此后，又出现了上千万甚至上亿种的生命形式，植物、动物，多种多样。①

自然界物种的繁殖方式主要有两种类型：有性生殖和无性繁殖。高等生物一般进行有性繁殖，低等生物一般进行无性繁殖。生命正是在这种多样化的繁殖中延续着自己的精彩。李丹那篇著名的《感谢生命》就对杨絮繁殖行为赞叹不已。

那是一个万物复苏的春天，我漫步在北京朝阳门外大街上，忽然发现天空中浑然不觉地飘着许许多多纤维状的白色物，一大片一大片，像下雪似的，但又比雪花更绵薄更柔软，纷纷扬扬，连天扯地。

后来，有人告诉我，这是杨絮。依靠风力在传播种子。

这是我第一次亲眼见到植物自己播种生命的方式，我完全被震撼了。

我的心里简直承受不住这份欣喜和景仰之情。我伸出一只手，只一瞬，便有一片悄悄地落入我的手心，像一朵小小的白云，载着希冀的梦幻。我不忍惊扰它美好的梦境，松开手，让它随风飘去。很快地，它与天空中无数羽毛交融在一起，带着一粒种子的希望，飘向它梦幻的草地与湖畔，去撒下一地可见的生命。

因为有了它，这世界才变得如此盎然，充满着活力和勃勃生机。

谁见了这种场面也不会无动于衷，谁都不能不被这种生命不计成本、不惜一切代价的付出和投资所感动。在它辛劳的飘散中，仿佛听见有一种声音在殷切地呼唤，那是它在呼唤每一粒种子落入黑乎乎的泥土，绽出一枚嫩绿的新芽，在春天里疯长，散发着生命的芬芳。这是它的心愿。但是这些成千上万飘飞着的杨絮，也许只有一颗种子能够遇到一片沃土，助它

---

① ［美］罗伯特·柯里尔：《秘密》，北京，中国华侨出版社，2008年。

生根，发芽，长成一株浓阴蔽日的参天大树。而其余的种子，因为土地的贫瘠，尽管艰难地生长，终究无法蔚然成荫，而早早地夭折在胚胎中。但它依然如故，在这个季节从不失约地如期而至，自始至终不间断地潜心这项浩大的生命工程的创造与劳动，只管耕耘，不问收获。

我在想，杨絮日日夜夜不知倦怠地飘送，是因为它生命本能的使然，还是一种强烈生命意识的觉醒，想在创造中使自己的生命得以延伸葆有一份永恒？

（节选自2001年4月《人民日报》）

3. 人类生命的孕育

在自然界，一朵杨絮通过风的传播可以延续生命，一节柳枝通过扦插可以延续生命。我们人类和地球上许多其他动物一样，生命是从一个很小的受精卵开始的。

男性的精子和女性的卵子相遇并结合之后，便形成受精卵。一般历经十个月左右时间，一个新的生命才会经过母亲的分娩来到人间。

然而，受个体条件的限制或者环境因素的影响，我们中有10%～15%的人不能正常怀孕生育。于是，现代医学成功推广了人工授精和试管婴儿技术。所谓人工授精技术，就是通过非性交方式将精液注入女性生殖道内，使之受孕。试管婴儿技术，学名叫"体外受精联合胚胎转移"技术，即把卵子和精子都拿到体外来，让它们在体外人工控制的环境中完成受精过程，然后把早期胚胎移植到女性的子宫中，在子宫中孕育成为孩子。因孕育婴儿的关键步骤"卵子与精子结合"是在体外器皿（试管）里完成的，所以才有了这样一个颇为科幻的俗称——试管婴儿技术。它为不孕不育的诊治提供了新的思路，也为不孕不育家庭带来了福音。

世界上第一个试管婴儿叫路易丝·布朗，是英国布里斯托市人。20世纪70年代，火车工程师约翰·布朗和妻子莱斯莉结婚后9年一直无法生育，于是求助著名生育学家罗伯特·爱德华兹教授和帕特里克·斯台普托博士，接受全球首例体外受精治疗。1977年冬，爱德华兹成功地从莱斯莉体内取出卵子，使之与布朗的精子在培养液中混合受精，并将生成的5个胚囊植入莱斯莉的子宫。1978年7月25日夜，莱斯莉通过剖腹产顺利生下路易丝——世界上第一个试管婴儿。

2004年9月，路易丝和36岁的银行保安员卫斯里·穆林德结婚，并于2007年有了自己的孩子。

试管婴儿的奠基者罗伯特·爱德华兹在2010年获得诺贝尔生理学或医学奖。1988年3月10日，中国大陆首例试管婴儿在北京大学第三医院诞生，成为我国生殖医学发展的里程碑。

资源示例

新生命的孕育是一个十分神秘的过程。尽管现代医学已为我们确切地描述了这一科学过程，但我们仍然处于间接感知阶段。新一代的4D动态立体扫描技术则为人们认知这一隐秘现象提供了直观的教学工具。《子宫日记》是美国"国家地理频道"曾经播放过的一部科教片。它通过动态立体扫描科技为子宫开了一扇窗，首度呈现了子宫内从未被人得知的世界。从人体最大的细胞"卵子"与最小的细胞"精虫"相遇的那刻起，从新生命创造的第一天直到破茧而出的第三十八周，完整记录生命神奇的发展历程，见识到心脏第一次跳动、肌肉如何抽搐、胎儿何时有感觉、何时张开双眼等画面，将"生"之旅的过程以图文并茂、立体互动的方式完整地呈现在观众眼前。

 **教学建议**

生命是如何产生的？我们从哪里来？一直是青少年比较好奇的一些话题。对他们进行生命来源的启蒙教育，既有助于他们对生命的了解与认知，也有助于他们对生命的敬畏与感恩。

通过观看《子宫日记》和讨论，直观地认识人的生殖过程和胚胎发育的营养方式，进而强化敬畏生命、珍爱生命、孝敬父母的感情教育。

1. 学习孕育知识，了解孕育过程。

① 精子和卵细胞是从哪里来的？

② 卵子和精子在哪里相遇？受精卵最后停留在哪里？

③ 胚胎细胞是怎样发育的？胎儿怎样与母亲进行物质交换？

④ 胎儿是怎样发育、生长的？

⑤ 妊娠过程是怎样的？孕妇会有怎样的妊娠反应？爸爸在这阶段一般会忙些什么？

2. 走近怀孕妈妈，感知孕育生命的艰辛，学会感恩生命，感恩父母。

第二节 奇妙的生命

地球上生活着一个庞大的生命群落。它是由动物、植物、微生物和人类等共同构成的。这些多姿多彩，奇妙无比的生命现象使整个地球充满生机与活力。无论是动植物，还是微生物，它们都和我们人类一样都是有血有肉的生命体，都应受到关爱与呵护。

1. 生物多样性

专家认为，所谓生物多样性就是生命形式的多样性。生物多样性是指在一定时间和一定地区所有生物（动物、植物、微生物）物种及其遗传变异和生态系统的复杂性总称。它包括基因多样性、物种多样性和生态系统多样性三个层次。

目前，地球上存在的生物已经知道的大约有两百多万种。正是这些形形色色的生物构成了我们这个丰富多彩的生命世界。我国是地球上生物多样性最丰富的国家之一，且特点鲜明。

一是物种丰富。我国有高等植物三万余种，仅次于世界高等植物最丰富的巴西和哥伦比亚。

二是栽培植物、家养动物及其野生亲缘种的种质资源异常丰富。我国有数千年的农业开垦历史，很早就对自然环境中所蕴藏的丰富多彩的遗传资源进行开发利用、培植繁育，因而中国的栽培植物和家养动物的丰富度在全世界是独一无二的。例如，我国有经济树种1000种以上，药用植物11000多种；水稻品种50000个，大豆品种20000个。

三是生态系统的类型丰富。我国陆生生态系统包括森林、灌丛、草原、草甸、荒漠、高山冻原等；我国的湿地、海洋和淡水生态系统类型也很齐全。

四是空间格局繁复多样。我国地域辽阔，地势起伏多山，气候复杂多变，从北到南，气候跨寒温带、温带、暖温带、亚热带和热带；生物群落包括寒温带针叶林、温带针阔叶混交林、暖温带落叶阔叶林、亚热带常绿阔叶林、热带季雨林。

生物多样性是人类社会赖以生存和发展的基础。我们的衣、食、住、行及物质文化生活的许多方面都与生物多样性的维持密切相关。

首先，生物多样性为我们提供了食物、纤维、木材、药材和多种工业原料。我们的食物全部来源于自然界，维持生物多样性，食物品种会不断丰富。其次，生物多样性还在保持土壤肥力、保证水质以及调节气候等方面发挥着重要作用。第三，生物多样性在大气层成分、地球表面温度、地表沉积层氧化还原电位以及PH值等方面的调控方面发挥着重要作用。第四，生物多样性的维持，将有益于一些珍稀濒危物种的保存。

《中国环境保护21世纪议程》指出："物种的灭绝是个自然过程，但目前人为的活动大大加速了物种灭绝的速度。物种一旦灭绝，便不可再生，生物多样性的消失将造成农业、医药卫生保健、工业方面的根本危机，造成生态环境的破坏，威胁人类自身的生存。"在北京南海子麋鹿园石碑园中，一块块写着动物名称及其灭绝时间的石碑标示着动物灭绝年代的顺序，有的石碑已经倒下了，有的处于半倒半立状态，最后有30块是立着的，上面刻着可能即将灭绝的物种名称，其中倒数第三块是我们人类自己。

2. 生命五彩缤纷

生命有各种各样的色彩。红艳艳的花朵、绿油油的禾苗、金灿灿的蝴蝶、不同肤色的人……正是这绚丽的五颜六色，构成了我们这个多彩的生命世界！

生命的色彩一般是由生命的遗传基因决定的。在植物的花或观叶植物的组织细胞液中，含有一种由可溶性葡萄糖变来的花青素。花青素的颜色随细胞液酸碱值的变化而呈现不同的色彩：当酸碱值为酸性时呈红色，中性时呈紫色，碱性时则呈蓝色。

有些生命的色彩还可以随着环境的变化而变化，而不是固定地呈现出某一种颜色。自然界中有一种叫作变色龙的动物，能改变身上的颜色。变色动物依靠自身皮下的多种色素块，能随时随地根据需要改变身体颜色，以便捕食和躲避外敌的袭击。变色实际上是一种伪装武器，用来弥补自身行动迟缓的缺陷，使其得以逃脱捕食者的追捕。

正是这五颜六色的生命，构成了我们这样一个美丽的世界。

3. 生命千姿百态

从热带、温带、寒带到北极，从平原峡谷到高山峻岭，从地下、地面到空中，从小溪、池塘到江河湖海，视野所及，处处呈现着千姿百态的生命奇观。

海洋里，漂浮植物、腔肠动物、无脊椎动物、甲壳动物、棘皮类动物、头索类动物、有脊椎软骨鱼类动物、有脊椎硬骨鱼类动物、两栖爬行动物、哺乳类动物应有尽有，千奇百怪。鲸鲨体型庞大，体长18m，重约40kg，相当于7匹大象的重量，可谓世界鱼类之最。海洋中最小的是浮游生物，小到必须借助显微镜才能看清它的模样。在近岸海域，有一种轻柔飘逸的动物常能引起人们的好感和兴趣，它就是海蜇。海蜇是生长在海洋中的一种腔肠软体动物。它白色的上部呈伞状，灰红色的下部是口腕，垂挂着许多须状的触手。海蜇触手上的刺细胞能放射毒液，毒性很大，可致人死亡。

长颈鹿有长长的脖子，抬起头来，最高可达6m，是陆地上最高的动物。长颈鹿的腿特别长，奔跑相当快，时速可达到50km。相比之下，蜗牛可算是动物族群的小不点。但小蜗牛一孵出就会爬动和取食，不需要母体照顾。当受到敌人侵扰时，它的头和足便缩回壳内，并分泌出黏液将壳口封住；当外壳损害致残时，它还能分泌出某些物质修复肉体和外壳，具有很强的忍耐性。蜘蛛是长着八条腿的节肢动物，它们生活在屋檐下或草木中。其尾部能分泌出一种黏液，这种黏液一遇空气即可凝成很细的丝，凭借这种丝结网蜘蛛可以捕食小昆虫。水边的狼蛛能捕食小鱼虾，南美洲一种7.5cm长的蜘蛛还能捕食小响尾蛇。

海洋植物门类很广，从低等的无真细胞核藻类到高等的种子植物，奇形怪状。海洋植物以藻类为主。细胞金藻小得可怜，2~3微米的身躯借助显微镜才能看见；而巨型褐藻却能长成参天大树，飘起来有20层楼房那么高。红树林是生长在热带、亚热带海岸及河口潮间带特有的森林植被，根系发达，盘根错节，有的高达5m。涨潮时，红树林被海水淹没，或者仅仅露出绿色的树冠，仿佛在海面上撑起一片绿伞。潮水退去，则成一片郁郁葱葱的湿地森林。红树林主要分布于热带地区的海岸，在我国广东、海南、台湾、福建沿海也有分布。

陆地上植物或匍匐于地，或攀附缠绕，或顶天立地，各有雅趣。林间苔藓也是绿色植物，但它结构简单，没有真正的根和维管束，只有扁平的叶状体，所以喜欢阴暗潮湿的环境，一般生长在裸露的石壁上或潮湿的森林和沼泽地。金银花是多年生缠绕灌木，茎蔓细长、多分枝，必须有所依附，才能长高、长大。水杉是落叶乔木，有植物王国"活化石"之美誉。水杉高41m，树干通直挺拔，高大秀颀，树冠呈圆锥形，姿态优美，叶色翠绿秀丽，枝叶繁茂，入秋后叶色金黄，是著名的庭院观赏树。

自然界中每一种生物的形态不论看上去多么奇怪，都是物种进化的结果。细心的人们发现，生命的形态与他们生存方式和生活的环境有着密切的关系。比如，小鸡长着尖尖的爪子，是为了在泥土里刨食；小鸭长着蒲扇般的脚掌，是为了方便水中活动；企鹅的脂肪层达3cm，像穿上一件厚厚的"羽绒服"，是为了抵御冬日的严寒。大自然犹如一位奇特的母亲，孕育出千姿百态的生命。这些生命无论高大伟岸还是弱小丑陋，虽形态各异，但都蕴含着独特的生命信息；这些生命无论是生在富饶的海洋，还是长在贫瘠的沙壤，都会由稚气到成熟，最终完成一段生命的壮举。

4. 生命奥秘无限

在漫长的时空岁月里，地球上的生命从单细胞生物进化成今天的藻类、菌类植物、动物甚至人类，其间经历了多次奇迹般的重大突破，产生了很多想不清道不明的生命奥秘。随着科学技术的发展，有不少生命的奥秘得以破解，并造福于人类；但有些生命的奥秘仍无从破解，至今还停留在对这些生命现象的惊讶和感叹之中。

比如人类对生物"眼睛"的认识。研究表明，异常复杂而精巧的眼睛是从简单的感光细胞逐渐进化而来的。眼睛不仅要感知光线，还需要有一个能聚焦光线形成图像的晶状体才行。一旦有了晶状体，生物的视觉效果就从1%骤然上升到100%。经测算，从感光细胞进化到复杂的眼睛，大概经过了50万年。研究发现，人类的眼睛与部分动物的眼睛一样，看物体时，是通过睫状体的伸缩来调节晶状体的弯曲程度，改变晶状体的焦距，使不同远近的物体都能在像距相同的视网膜上生成清晰的倒立实像。在这一发现的启发下，人类发明了照相机。照相机的镜头就是人眼的晶状体，光圈就是瞳孔，胶片（感光元件）就是视网膜，相机的图像记录在胶片或者存储卡上，人的图像记忆在大脑里。

人们在生活中存在着很多个"为什么"。比如，人们用蝇拍从背后打苍蝇为什么很容易被苍蝇发现，它是不是长着后视眼？原来，苍蝇的眼睛十分特殊，共有5只。其中，3只较小的是单眼，用来感觉亮度强弱，另外2只为复眼，每只由3000多个小眼组成。这众多的小眼都自成体系，既能协调一致又能独立工作。因此，蝇眼不仅有速度快、分辨度高的能力，还能从不同的方位感受视像，这也就是人们用蝇拍从背后打它也容易被发现的真正原因。蝇眼的特殊构造和功能启发科学家研制出了蝇眼照相机，一次就能拍摄出几十张、几百张甚至千余张相同或不同的照片。"蝇眼探测器"和"蝇眼雷达"也是根据苍蝇复眼的视觉原理研制出来的。

"离离原上草，一岁一枯荣。野火烧不尽，春风吹又生。"这首妇孺皆知的古诗也道出了一个生命的奥秘。小草虽然脆弱，但它总是循着秋枯春荣、岁岁循环、生生不已的规律，表现出顽强的生命力。研究发现，植物的组织甚至单个细胞都具有再生能力。截一段柳树的枝条插在湿润的地里，可以获得一株新的柳树苗；从马铃薯、兰花的茎端切下生长点埋在地里，就能再生出完整的马铃薯、兰花植株。壁虎遭遇强敌或被敌人咬住时，挣扎一番后会自动将尾巴脱落，借机迷惑敌人，自己则逃之夭夭，而过不了多久，壁虎又能长出一条新的尾巴。蚯蚓也是一种再生动物。将一条蚯蚓切成两段，它不但不会死去，反而会变成两条完整的蚯蚓。发现动植物这些与生俱来的再生能力，对人类的创造与发展具有特殊的意义。

俗话说"龙生龙，凤生凤，老鼠生儿会打洞"。俗话还说"种瓜得瓜，种豆得豆"。这是为什么呢？这是遗传的结果。原来，生物身上的这些奇异现象都是由身体细胞中的一种特殊物质——"基因"决定的。基因中储存有"父母"的信息特征,并将它们传给下一代,于是,就有了物种的延绵不绝和生命的代代相传。从生命教育的角度来说,了解和认识自然界这些神奇的生命现象,探索那些未知的生命奥秘,重在引导学生热爱自然,敬畏生命。

资源示例

每年夏季,非洲东部大草原就有一部惊险剧目如期上演,那就是——野生动物大迁徙。

2012年7月19日,中国中央电视台新闻中心社会新闻部与非洲分台联合直播特别节目:《东非野生动物大迁徙》。这是电视媒体首次在非洲向全球进行直播报道,全景展示世界上这种独一无二的自然奇观,让观众近距离感受"最伟大的生命迁徙",呈现了一场原始自然生态下物种迁徙与繁衍的视听盛宴。

随着旱季的来临,数以百万计的角马、斑马等食草野生动物会组成一支迁徙大军,浩浩荡荡地从非洲坦桑尼亚的赛伦盖蒂国家公园向肯尼亚的马赛马拉国家自然保护区进发,寻找充足的水源和食物。这是一段3000公里的漫长旅程,途中不仅要穿越狮、豹埋伏的草原,还要跨越布满鳄鱼、河马的马拉河,有大批的角马将死在路上,但同时也将有大批小角马在途中诞生。优胜劣汰的自然法则在这场大迁徙中得到了最充分的展示。这是自然界最伟大的生命旅程。

教学建议

大自然是美丽的,大自然的生命是多彩而神秘的。通过观察、思考,全面认识生命世界,激发学生热爱自然、热爱生命的情感;了解大自然生命的多样性及其与人类的关系,树立基本的生命伦理意识;进而培养爱护大自然、欣赏大自然、保护自然环境的意识与能力。

下载并欣赏纪录片:《东非野生动物大迁徙》。

1. 野生动物生活的范围有多大? 它们为什么要迁徙?

2. 东非野生动物在大迁徙途中遭遇了哪些艰难险阻,它们是怎样应对的?

3. 非洲大陆上的人们是怎样保护野生动物的? 他们的做法对我们有什么启示?

4. 关注动物的生存及其环境对人类具有怎样的特殊意义?

5. 检讨人类对大自然及生命现象的认识与作为。

第三节　生命有多种需要

空气、阳光、水和食物等都是生命存在的基本条件,生命需要物质的维持。人的生命除了这些基本的生存条件外,还需要精神和智慧、自由和梦想,更需要亲情、友情和爱情……只有满足了这些需求,人的生命才可能精彩。

1. 生命的三要素

生命科学认为,空气、水分与阳光是生命的三要素。它们是一切生命赖以生存的最基本的物质条件,缺一不可。不能满足这些条件,轻者将会影响生命健康,严重的还会给生命造成危险。

空气。空气主要由氮气和氧气组成。离地面(海拔)越高,空气越稀薄,含氧量相应减少。在地球引力作用下,90%的空气集中在近地面16公里的范围内,人类生活在空气之中。人几天不吃饭、不喝水尚能维持生命,但5分钟不呼吸空气,便会因窒息而死亡。

水分。水是包括人类在内的地球上所有生物生存的必要条件。没有水就没有生命。人体内充满了水，水约占人体重的70%。通常，水内含有人体所需的各种元素，如钙、钠、铁、锌等。人需要不断地补充水分和元素，以维持身体的动态平衡。水是身体能量的主要来源之一，水在维护人体健康的作用中占有极其重要的地位。

阳光。万物生长靠太阳，没有太阳就没有生命。阳光中的红外线不仅具有促使血管扩张、改善血液循环、增强人的抗寒能力的温热作用，还可使人产生兴奋、愉悦和温暖的感觉。紫外线是阳光中对人体作用最强的光线，能够加强血液和淋巴液的循环，促进物质新陈代谢，还能刺激造血系统，使红细胞、白细胞、血小板增加，使吞噬细胞更加活跃，促进骨骼发育，因此紫外线也被称为"阳光维生素"。[1]

2. 人的五种需要

人生活在世界上，要生存，要发展，便产生了种种需要。美国著名心理学家亚伯拉罕·马斯洛认为，人的需要分为五个层次：第一，生理的需要。这是维持人类自身生命的基本需要，如：食物、水、空气、健康、性欲和睡眠等。这是最低级别的需求。第二，安全的需要。人类需要安全、幸福的生活，其中包括人身安全、生活稳定，没有疾病、痛苦或暴力的威胁。这也属于低级别的需求。第三，归属和爱的需要。当生理及安全方面的需要得到满足后，人就有了在社会环境中寻求隶属关系，在同类中寻求友情、爱情的需要。这是较高层次的需求。第四，尊重的需要。尊重既包括自尊也包括受别人尊重，即对成就或自我价值的个人感觉，他人或者社会对自己的认可与尊重，如成就、名声、地位和晋升机会等、这也属于较高层次的需求。第五，自我实现的需要。从事自己最适宜的工作，并最大限度地发挥自己潜能，成就自己所希望实现的奋斗目标，这是最高层次的

---

[1]　徐南图：《生命之源：阳光、空气、水》，载于《心血管病防治知识》，2012年第9期。

需求。[①]

3. 青少年生命成长的特殊需要

青少年时期是生命成长的关键时期，也是一个身心发展不平衡、各种矛盾冲突较为集中的特殊时期，所以，他们在安全、情感、人格、学业以及理想等方面的生命需求呈现出许多特别之处，况且，每个人的生命状态不同，因此，人与人的需要千差万别。

在青春期，人体各器官普遍加速生长并逐渐达到成熟水平。这一时期，身高的增长可以从平时每年增长4~6厘米而激增至8~10厘米；体重从每年平均增加1.5~2千克，增至5~6千克；内脏器官生长速度也大大加快。在这一阶段，良好的营养、适当的锻炼和合理的作息是影响青少年身心发育的三个重要因素。

青少年生理发育比较快，而心理成熟相对较慢，这种发展上的不同步使得青少年的身心发展不协调，自我控制能力较差，情绪情感不稳定，问题行为发生较多，从而导致人际交往中的冲突加剧。心理学上把青少年的这个时期为"亲子关系的危机期"，把青少年与父母的冲突称之为"亲子冲突"。学生心理需求如果得不到及时的改善与满足，会直接影响到良好亲子关系的建立。

 **资源示例**

前不久，有个高一年级的女孩哭着来到我的咨询室，这是一个非常纯真的女孩。她说："真不知他们（父母）是怎样想的，是我的事情也不跟我商量，我真想离开他们远远的。"原来，女孩入学后，爸妈为了让她能更好地适应新环境，也想让老师们能更关心她，便请学校的领导老师吃了

---

① ［美］亚伯拉罕·马斯洛：《动机与人格（第3版）》，北京，中国人民大学出版社，2012年。

顿饭。这种事在今天虽然司空见惯，但这个女孩却因此背上了沉重的心理包袱。她总觉得老师同学都在嘲笑自己的世俗。所以，当今天被历史老师表扬时，她再也受不了！她认为老师的表扬也是因为世俗的父母的原因。我说："父母在用他们的方式关心爱护你呀。""这种关心令人讨厌，我宁愿不要。"她还是很生气，"父母总认为我幼稚，总想把我包裹起来，他们越这样我越不愿给他们管！"我问："你可以把你的感受跟他们讲呀？"她答："他们从来都自作主张，我哪有机会。"

……

（摘自一位心理咨询师的日记）

教学建议

满足生命的需要，这句话说来容易，做起来难。由于文化背景、生活经历等方面的差异，青少年生活与成人生活是完全不同的。但是青少年生活并不因此而没有价值，周作人早年有一句话"尊重未成熟状态"。教育的责任是为青少年创造一个适合的生长环境，使其身心需要得到充分的满足与发展。因此，要解开这位学生的心结，可能还要从做父母的工作入手，从了解学生的心理需求入手。

1. 反思。在我们的生活中，类似这样的生命现象还有哪些？

2. 分析。造成这些现象的主要原因是什么？

3. 探讨。

——青少年生命成长中容易被忽视的"需要"主要有哪些？

——今天，我们怎样做家长（老师）？

第四节　独特的人类生命

在所有的生命中，人类的生命最具有独特性。有诗云：虽然没有鸟的羽翼，人类可以飞上蓝天；虽然没有鱼的鳃鳍，人类可以遨游海洋；虽然生活在今天，人类可以了解亿万年前的过去；虽然生活在现在，人类可以预知美好的未来……人类之所以有如此伟大的力量，是因为人类具有其他生命所不具备的高级智慧；是因为人类能靠自己的聪明才智不断地认识、改造，并适应这个世界。

1. 人类的生命具有唯一性

相对于其他生命而言，人的生命具有唯一性。人的生物特征各异、且终生不变、随身携带。这些身体特征包括指纹、虹膜、掌纹、面相、声音、视网膜和 DNA 等人体的生理特征，以及签名的动作、行走的步态、击打键盘的力度等行为特征。人的身体特征之所以能够作为个人身份鉴别的物证，是因为它们具有人人都有的普遍性、每人不同的唯一性以及不随年龄而变化的稳定性。正如世界上没有两片完全相同的树叶一样，每个人都是独一无二的。

家庭出身、生活环境、姓名、性别、身高、体重、性格、爱好等，每个人都是不一样的。在成长过程中，我们要充分认识自己，并发展其独特的生命价值。

2. 人类的生命具有未确定性

在比较了人和动物的生命特性后，哲学家们得出了这样的结论：人类的生命在本质上具有未确定性。格伦认为，人是一种在生物学意义上未完成、未确定的动物，与其他动物最根本的区别是人在生物学上的"非专门化"及"匮乏性"的特点。意思是说，动物的生理结构和功能是"既定性""专门化的"，比如驯鹿吃草、老虎吃肉，为满足它们各自的食性特点，它们身体中的食物本能、捕食功能、消化器官等生命因子是先天既定的，终身不会改变。而人类对食物的要求却没有"既定性"，从吮吸奶水开始，逐渐过渡到接受蔬果、禽蛋、肉食……无一不是后天习得的结果。人类生理结构和功能是非专门化的，他没有因为要适应某种特定的环境而形成某种特定的生理结构和功能。

再比如，小牛生下来就会走路、会吃草，没有人去教它，去呵护它。而人呢？婴儿出生时除了会啼哭，其他什么都不会做。可见人类的生命能力先天不足，远差于一般动物。但这种先天不足，却给人类的再造与发展带来了机遇与可能，因此，被视为造物主赋予人的生命的超越性潜质。弗洛姆说："人是所有动物中最无能的，但这种生物学意义上的软弱性正是人之力量的基础，也是人所独有特征之发展的基本原因"。[1] 兰德曼也讲过类似的话，他说："人的生活并不遵循一个预先建立的过程，而大自然似乎只做完一半就让人上路了。而大自然把另一半留给人自己来完成"。[2] 动物生理结构的专门化，限制了动物生活的时空。它只能改变自身去适应环境，却永远不会改变自己的生存环境，更不可能去创造舒适的生存环境。而人类生命的未确定性，却让我们成了没有束缚的自由人。我们可以超越自然的本能限制，去自主的、能动的创造满足人类需要的美好生活。

人类生命的未确定性，为人类后天的教育提供了基础，为人类个性的发展提供了可能。

3. 人类的生命最具智慧性

人作为自然界中一种特殊的生命体，与其他动物、植物、微生物等生命相比，人类的生命最具智慧性。人类会考虑逻辑性很强的问题，而其

---

[1] 〔美〕埃利希·弗洛姆：《为自己的人》，北京，三联书店出版社，1988年。

[2] 〔德〕米夏·埃尔·兰德曼：《哲学人类学》，上海，译文出版社，1998年。

他生命不能；人类会利用情感达到某种目的，而其他生命不能；人类会创造、发明，改善自己的物质生活及其环境，而其他生命不能；人类会运用语言交流思想，而其他生命不能；人类会制造工具进而利用工具生产劳动，而其他生命不能……

人与动物的最大区别在于，人能够进行有意识的生产活动，不断地满足自身生存和发展的需要；推动科技、艺术等方面的发展，社会进步，进而实现自己美好的理想。我国古代重大的科技发明及其对世界文明的贡献充分证明了这一点。比如，我国古代造纸技术的发明曾经引起了一场世界性的书写材料的革命，特别是蔡伦改进造纸术提高了纸的质量和产量，使纸张日益成为普遍的书写材料，促进了文化的交流和教育的普及，深刻地影响了世界文明的发展进程。造纸技术的发明是中华民族对世界文明的伟大贡献。在造纸技术发明之前，世界各国的书写材料，有的坚硬，有的笨重，有的价格昂贵，都不是理想的书写材料，不利于文化的传播。据说，中世纪的欧洲抄一本《圣经》要用300多张羊皮。其书写材料的昂贵与书写过程的艰难，由此可见一斑。

嫦娥奔月是我国广为流传的古代神话。1980年，在湖南马王堆西汉古墓出土的帛画中，就有一幅精美的"嫦娥奔月"图。画中嫦娥乘坐飞龙飘然奔月，生动地再现了中国人2100多年前的飞天梦想。为了实现中华民族的这个"飞天"之梦，人们一直进行着艰苦卓绝的探索，从20世纪70年代人造卫星上天，到21世纪初神舟十号飞天、嫦娥五号探测器实施无人月面取样返回实验……载人航天技术的发展标志着人类的发展进入到了一个新的阶段。浩瀚的太空是拥有丰富资源的巨大宝库，由太空技术引发的"新型工业革命"最终将改变整个人类社会的生存模式。古人幻想"飞天"需要智慧，当代人实现"飞天"更需要智慧。从人类这场"飞天梦"中，我们欣赏到了人类美丽的智慧之光。

生物学告诉我们，自然界中，生物个体都有遗传和变异的特性。所谓遗传是指亲子间的相似性，变异是指亲子间和子代个体间的差异。生命的遗传和变异是通过生殖和发育来实现的。因此，现代人十分重视优生优育，并以此提升后代的生命质量。我国婚姻法规定：直系血亲和三代以内的旁系血亲之间禁止结婚。这是因为，如果一个家族中曾经有过某种遗传病，或是携带某种致病基因，其后裔携带该致病基因的可能性就大，若有亲缘关系的后裔之间再婚配生育，这种遗传病出现的机会就会大大增加。血友病、地中海式贫血症、原发性癫痫、白化病等许多疾病都与遗传有关，因此，当代年轻人都重视婚孕体检与疾病筛查，以杜绝遗传病例的发生。

据说，南美哥伦比亚的哈脱村是世界上有名的美人村，那里不仅女子长得美丽，男子也非常英俊，就连老人也眉清目秀，体形优美。为什么哈脱村能得天独厚皆是美人呢？据说从他们祖上到现在定下了一个婚配规定："男子娶妻千里外，女子出嫁超千里。"这样可以避免近亲婚配。还有一个规定，男婚女嫁，非"美人"不配，非身体健壮者不配，酗酒、吸烟者不配。全村人都坚持这种古老的婚配标准，为优生创造了条件，使后代越来越健美、漂亮。

人类凭借聪明与智慧，不仅改变着生存的条件与环境，也改变着人类自己的生命。

4. 人类实现生命价值的创造性

地球上的生命丰富多彩，每一种生命都有其独特之处，都有它们不同于其他生命的"特殊价值"。比如，蜜蜂酿出的蜜汁让美食家赞不绝口，蜘蛛织网的技术让许多纺织工自愧不如，蚂蚁设计的巢穴也使建筑师叹为观止……但这些或许只是动物们生物本能的一种机械反映，技只此尔，谈不上创造。而我们人类的每个生命都是独一无二的，且每一个生命都是创造主体，都会创造性地生活，因而具有特殊的存在价值。

在人与人的比较中，我们发现尽管由于人的个性品质不同、生活环境不同、工作分工不同、人们所走的人生道路是不一样的、其实现人生价值的方式和途径是多种多样的，但在超越生命局限，发挥生命潜能，实现生命价值方面却是共同的。李素丽是北京市公共汽车售票员。在平凡的岗位上，她为自己制定了"四心"服务原则，即礼貌待客要热心，照顾乘客要细心，帮助乘客要耐心，热情服务要恒心。十几年如一日，她成为"全国'三八'红旗手"，普通劳动者用真诚与勤勉创造出自己生命的价值。北京大学教授王选是我国著名的计算机专家，他从20世纪70年代起就开始主持研制汉字激光照排系统。经过20多年的不懈探索，他终于研制出汉字激光照排系统，解决了将庞大的汉字信息自如地在计算机中存储和输出这一世界性难题，他也因此被誉为"当代毕昇"。知识精英用知识与智慧创造出自己生命的价值。

我们每个人都有与众不同的独特性。我们要充分认识自己，要根据自己的个性，发挥自己的优势，选择一条合适自己的成材之路，展示自己的风采，为社会贡献自己的才能，发展其独特的生命价值。

资源示例

2010年7月15日晚，袖管空空的刘伟第一次出现在东方卫视《中国达人秀》现场，全场震动，评委与观众都自发地站起来为他鼓掌欢呼。刘伟安静地脱鞋、抬脚，轻盈地移动脚尖，理查德《梦中的婚礼》的旋律从他的脚趾尖潺潺流出……

评委高晓松问他：你是怎样做到这一切的？刘伟淡淡地说：我觉得我的人生中只有两条路，要么赶紧死，要么精彩地活。没有人规定钢琴一定要用手弹。

在达人秀的全国决赛中，刘伟最终以一首钢琴演奏的经典老歌《You Are Beautiful》拿下冠军。颁奖嘉宾陈凯歌的颁奖词这样写道："什么是'达人精神'？凭借自己的努力，把不可能变为可能。活着，爱着，梦想着，这就是达人精神。达人秀崇尚的是创意、自信、希望和对生活的热爱。"

刘伟1987年生于北京，十岁时因触电意外失去双臂。但他没有放弃生活，以"正常孩子能做到的，我统统都要做到"的顽强信念，不仅学会了用双脚代替双手刷牙、洗脸、写字，自理生活，还加入北京市残疾人游泳队，成为游泳健将。2002年，在武汉举行的全国残疾人游泳锦标赛上，刘伟一举夺得了两金一银；2005年、2006年连续两年获得了全国残疾人游泳锦标赛百米蛙泳项目的冠军。19岁时，成绩优秀的他放弃高考，开始学习用脚弹钢琴……

（根据《读者》2011年第4期改写）

 教学建议

"金无足赤，人无完人。"有的人因失聪而烦恼，有的人因失明而痛苦，有的人因肢体残障而行动不便，还有的人因学业不佳而苦恼……生命无从选择，我们要勇于正视身体上、精神上、生活上的各种缺憾。乐观的人认为，这些缺陷在给生命带来磨难的同时也带来了成长的机会。哲人说："一个人如果能够战胜自己内心的黑暗，就永远站立在灿烂的阳光中。"

1. 思考：刘伟是怎样正视"因触电意外失去双臂"这一现实的？

2. 刘伟生命的独特价值表现在哪些方面，我们应该怎样向他学习？

第五节　生活在群体中

群体，是指一定数量的个人通过一定的社会关系而结合起来的集合体。小至二人家庭，大至社区、单位、团体等，都是群体。我们每一个人都生活在一定的社会群体中，索然寡居的生命是无法正常生活的，有时甚至生存都有问题。人与人之间是相互依存的，别人需要我，我也需要别人。各种群体为了自身的和谐与发展，会制订出一系列生活的规则，以明确每一个人的责任与义务。明确角色定位，懂得角色担当，会让我们的群体生活更自由、更惬意！

1. 生命的驿站

家庭、幼儿园、学校、社区……构成了我们一个个生命成长的驿站。从嗷嗷待哺，到蹒跚学步；从学海泛舟，到步入社会……我们享受过亲人的呵护，更体验过陌生人的关爱。在他们的关爱中，我们认识了多彩的世界，感悟到人生的真谛。正是在这些驿站中，我们才学会了做人做事，完成着由自然人到社会人的转变。

家庭作为人类生命最基本的社会群体，在生命的孕育、呵护与教育过程中担当着十分神圣的责任。因此，有人把"家"比作生命的港湾。家庭是怎样的？家庭的职责是什么？家庭对生命意味着什么？我们应该为家庭做什么？这些都需要新生命去认识、去理解、去适应，这将是一个漫长的过程。

学校是学生的"儿童社会"，是青少年进入社会生活的通道之一。在班级生活中，几十个人朝夕相处难免会有磕磕碰碰，它要求我们与人为善，相互理解，相互包容，借以培养我们的集体认同感。参加学校各类活动，我们可以亲眼看到集体的力量，亲身体验集体生活的乐趣，借以培养我们的集体荣誉感。良好的学习氛围要靠大家来营造，整洁的生活环境要靠大家来维护，良好的校风将直接影响到每一个人的成长。

在社区活动中，我们可以接触各种各样的人，学会与人共处，服务社会与他人。我们这代人中独生子女多。独生子女有很多优点，但也有不少毛病，比如对家特别依恋，喜欢以自我为中心。如何帮助这些"独苗苗"走出自我，走向社会，是生命教育的一个重要课题。

2. 我是群体一分子

每个人既是个体生命的存在，同时又是群体中的一员。个体与群体不可分割，相互依存。一般来说，个体利益与群体利益是一致的，同时也可能存在着某些矛盾的地方。

作为群体的一分子，首先，要有群体意识。所谓群体意识，它是一定的集体对他们所处的社会物质生活条件的反映。遇事要设身处地为他人着想，为群体利益着想。我们就要学会理解人、尊重人，不能以"我"为核心。比如同学聚餐，点菜时要尽量选择大家都爱吃的菜，不能只顾自己的口味。既然是一起吃饭，就不能只顾自己不管他人。

其次，要充分发挥个体能量。毋庸讳言，在我们的传统文化中，历来比较忽视个体的力量和作用。刘再复在《传统与中国人》中反思中国传统文化时讲过这样一段话，他说，"任何一个人，在他降生到大地之后，就是一个具有独立人格价值的存在。而我国宗法文化观念中也讲'人'，但它并不把人视为一种具有独立人格的存在，反之，它把人看成是整个封建宗法文化观念系统中的一个固定点，人只是依附、固定的存在。"其实，个人的利益与群体的利益并不是对立的。只有明确了"人"的价值，让其生命潜能得到最大限度地发挥，群体利益也就得以最大化。作为群体的一分子，在享受关爱与呵护的过程中，我们也要学会奉献与担当。

资源示例

谢聘是我班上的一个男学生，聪明、乖巧，笑起来还有俩酒窝，特别可爱。

刚上一年级时，上课铃声响后好久，他才和奶奶优哉游哉地姗姗而来。进教室后，他眼里还含着泪花。在全体同学的检阅下，他一步一回头，好不容易坐上自己的座位。这时，他手忙脚乱地翻书包，找到了书本找不到笔，小脸涨得通红，焦急地看着窗外的奶奶。当我送去责备的目光时，他还会撅起小嘴，一副委屈的模样。

后来，我找他谈话。告诉他上小学是件多么值得高兴的事，应该怎样遵守小学生行为规范。他似懂非懂，只知点头。

谢聃第一次做值日是摆桌子。他急得直哭，不知道如何是好。在室外的奶奶见状，心痛地对我说："老师，我们谢聃不会做值日，让他先回家吧。"说着就去给谢聃背书包。我把奶奶叫住了。让她先在外边等着，并告诉她谢聃会做好的。

于是，我一边耐心地教谢聃摆桌子，一边和他聊天："你现在是一年级的小学生了，值日是你的责任啊。不懂，老师可以教你。我相信，你会做好的。你还可以看看别的同学是怎么做的！"

在同学们七嘴八舌的交流和现场指导下，谢聃开始尝试摆桌子。一次，两次，桌子终于摆整齐了。我对他说："看！你试一试，就成功了。以后，遇到困难不要怕，老师相信你。"

看到自己的劳动成果，谢聃开心地笑了。走出教室后，他还向奶奶介绍摆桌子经验呢！

现在的谢聃，已经慢慢学会了自理，不再轻易哭鼻子，也敢于在班级中表现自己了。

（摘自深圳市龙岗区木棉湾小学李娟娟老师的教学日记）

教学建议

教育环境窄化、责任心缺失和动手能力差，这是当今青少年生命成长中，遭遇到的几个十分现实的问题。尤其在一家一个孩子的情况下，独生子女备受父母和老人的溺爱，从小生活在被成人规定与安排的温室中，使他们失去了许多"群育"的学习机会，失去了学习过程中好奇、兴奋，进而愉悦与满足的情感体验。

1．阅读谢聘的故事。想一想，谢聘这一阶段的生命成长有什么特点，产生的原因有哪些，对我们开展生命教育有怎样的启发？

2．写一份关爱学生生命成长的教育叙事笔记。

3．组织学生参与社区志愿者活动，学习为社会服务的本领。

第六节　人与自然和谐相处

三百多年来，人类以征服自然为主要特征的工业文明引出了一系列全球性的生态危机和生态伦理问题，让人类社会面临严峻的挑战。人口暴增迫使自然界亿万年进化形成的"原生态"伦理秩序发生紊乱甚至颠覆，并具有明显的"不可逆性"。由于长时期实行粗放型经济增长，我国资源消耗过快，生态环境严重恶化。为此，党和政府提出了建设"生态文明"的新理念，即妥善处理人与自然的关系，尊重自然、顺应自然、保护自然。党的十八大进一步把生态文明建设提升到关系人民福祉、关乎民族未来的长远大计的高度。生态文明与经济建设、政治建设、文化建设、社会建设一并成为国家的五大建设主题。

1．环境问题日益严重

关于人类环境问题，早在一百多年前恩格斯就曾经发出过忠告："我们不要过分陶醉于对自然界的胜利，对于每一次胜利，自然界都报复了我们。"这一天似乎真的到来了：拥挤的人群、灰暗的天空、发臭的河水、锐减的森林、沙化的土地、消失的物种……一幕幕令人类忧心忡忡。

（1）人类面临十大环境威胁

钱易在《人类处在怎样的环境中》分析指出，当今世界正面临着十大环境威胁：一是全球气候变暖，气候变暖引起两极冰川融化，导致海平面上升；二是臭氧层被破坏，人类工业和生活活动中排放的臭氧层损耗物质破坏臭氧层，导致人类皮肤癌和白内障的发病率升高；三是生物多样性减少，过度捕猎、工业污染等造成的生物多样性减少，将逐渐瓦解人类生存的基础；四是酸雨蔓延，大量废气的排放形成酸雨，使湖泊酸化，使农作物大幅度减产；酸雨腐蚀各种建筑材料，对基础设施造成严重损害……五是森林锐减，过度采伐和森林火灾使得森林面积锐减，导致洪灾频繁；六是土地荒漠化，由于过度放牧、采矿、修路等活动使草地退化；七是资源短缺，耕地资源、水资源和矿产资源严重短缺；八是水环境污染严重，工业污水使得原本清澈的水体变黑发臭，细菌滋生；九是大气污染，悬浮颗粒被人体吸入，容易引起呼吸道疾病；十是固体废弃物成灾，固体废弃物中含有有害物质，任意堆放会污染周围的空气、水体甚至地下水。这些威胁显现在人类生活的各个层面，影响着人类的健康与生存。

（2）环境问题的影响广泛而深远

现代环境问题越来越呈现出大范围、全球化的特点，广泛地影响着人类的生产和生活。比如一些国际河流，上游国家造成的污染会危及下游国家，气候变暖、臭氧层空洞等更造成了全球性灾害。当代环境问题已经渗透到人类生产、生活的各个方面，影响着整个人类的生存和发展。

环境问题还有很多深层次的表现。一是环境污染造成的生态系统的结构与功能发生变化，对人类及其他生物的生存和发展产生不利影响。例如，工业废水和生活污水的排放，使水体质量严重恶化，危及水生生物的生存；森林的减少导致了水土流失、洪灾频繁、物种减少、气候变化等多种后果。二是环境污染物的积累和迁移转化会引起多种衍生的环境效应，给生态系统和人类社会造成间接的危害。例如，酸雨和臭氧层被破坏等就是由大气污染衍生出的环境效应，它直接影响到人类的免疫系统和海洋、陆地的生态系统。

2. 人类对环境问题的反思

20世纪五六十年代是工业发展，公害泛滥的年代。接踵而来的环境公害事件在震惊世界的同时，也动摇了人们对地球肆意恣难的信念，迫使人们不得不反省，人类究竟应该怎样对待自然环境，怎样对待地球？1972年6月5日，第一次联合国人类环境会议在瑞典斯德哥尔摩举行。这是世界各国政府共同探讨当代环境问题，探讨保护全球环境战略的第一次国际会议。会议通过了《联合国人类环境会议宣言》（简称《人类环境宣言》），宣告了人类对环境的传统观念的终结，达成了"我们只有一个地球，人类在开发利用自然的同时，也要承担维护自然的义务"的共识。

（1）人类与自然关系的历史演变

人类诞生在大自然的怀抱中，一直享受着大自然的恩泽。人类与大自然休戚与共，息息相关。原始社会的生产力低下，人类依赖自然，畏惧自然，崇拜自然。进入农业文明后，随着人口的增加和生产力水平的逐步提高，人类开始不满足于自然的庇护和统治，在利用土地、生物、陆地水体和海洋等自然资源的同时，试图改造和改变自然。于是，出现了开垦荒地、采伐森林、兴修水利等活动，而这种改造往往伴随着很大的盲目性、随意性和破坏性，引起了水土流失、土壤盐渍化或沼泽化等问题。这个时期，虽然环境出现了局部的恶化，但影响有限。工业文明的出现使社会生产力有了质的飞跃，人类利用自然的能力极大提高。这时，人类对自然的理念也发生了根本的改变，由"利用"变为了"征服"。"人是自然的主宰"的思想占据了统治地位，在行动上表现为对自然的掠夺和破坏，以致造成了环境污染、水资源短缺、气候变暖、土地荒漠化、物种大量灭绝等一系列的问题。人与自然的关系空前紧张，人类的生存与发展受到严重威胁。

（2）人类对自然应有的态度

人与大自然的关系发展演变到今天，矛盾越来越突出，关系越来越紧张。恶性循环、两败俱伤不是我们愿意看到的情景。人类必须以科学的态度来改善与大自然的关系。

人类本身是地球生态系统长期进化和发展的产物，称得上是"自然之子"，尊重和爱护大自然"母亲"是人之常情。何况我们每个人都生活于大自然之中，我们的衣、食、住、行等都离不开大自然。我们与大自然命运相连，休戚与共，因此，必须学会尊重自然、善待自然，自觉充当大自然的维护者。

纵观许多古文明的兴衰，我们发现，这些文明之所以从强盛走向衰落，是因为他们在文明发展过程中很少或根本没有遵循生态规律，对自然界肆意开发和掠夺，从而导致自然生态系统崩溃，最终酿成文明的衰败。相反，人类如果遵循自然规律，趋利避害地利用大自然，就会造福人类。譬如古人修建的都江堰无坝引水工程，就造福成都平原两千多年，成为世界水利文化的经典。因此，只有正确地认识自然，科学地利用自然，我们才能摆脱目前的困境。

时至今日，自然已经受到了人类太多的伤害。比如，20世纪60年代以来，为了解决粮食问题，我国过度地围湖造田。围垦不仅损害了湖泊生态环境，还严重地破坏了湖泊的调蓄功能。1998年长江发生特大洪水时，洞庭湖、鄱阳湖和洪湖都因围湖造田而失去了对洪水的调节能力。随后，我国政府认识到围湖造田的危害，适时做出了在长江中下游退田还湖的重大决策，有效地遏制了洞庭湖湿地生态系统的退化趋势，一个生机勃勃、润泽四方的洞庭湖正逐渐展现在世人面前。很多退田还湖地区，三年后就呈现出水草丰茂，鹿群出没，鸟声啁啾的怡人景色。

当人类小范围打破自然平衡时，大自然会利用他的修复能力来恢复自然平衡；当人类打破自然平衡超过了大自然自然修复能力的时候，我们就只能承受大自然的报复和惩罚。

人类不仅要保护自然，尽快地恢复自然，更重要的是在尊重自然规律的前提下运用自然规律，科学地改善自然，维护自然生态系统的平衡，在更高层次上实现人与自然的和谐发展。

3. 人与自然和谐发展

四十多年前，化学杀虫剂被广泛应用，很多生物随着害虫一起被杀灭。美国科学家蕾切尔·卡逊担忧，这样下去恐怕人类自己也不能幸免。于是，她在其著名的《寂静的春天》一书中呼吁："人与自然必须和谐发展"。

世界各国在实现"人与自然和谐发展"方面，十分重视，各有建树。有的从立法、行政、税收层面，有的从科技、产业层面，有的从教育、宣传层面提出了十分具体而强硬的措施。比如瑞典、芬兰、挪威等北欧国家就提出，停止使用传统的国民经济核算体系，改用新的"绿色核算体系"，将自然资源的损耗和环境保护的成本计算在内，以更加合理地反映出经济发展与自然环境之间的关系。

借鉴域外经验，结合学校教育实际，在促进"人与自然和谐发展"方面，我们可从以下几方面开展工作。

第一，摒弃"人类中心主义"，树立绿色经济和可持续发展的观念。当今世界，为持续发展而保护环境已成为人类的共识，绿色技术、绿色产业、绿色消费等观念已日益被人们所接受，全球正在掀起绿色革命的浪潮。这个世纪将是充满希望的"绿色世纪"。我们既要满足经济社会可持续发展的要求，又要满足人民群众对良好生态环境的期待，因此，必须摒弃粗放的发展方式，在新的生态理念指导下，正确处理人类自身活动和自然界的关系，不再做破坏环境的蠢事。把社会物质生产以人为中心的价值取向，转为人与自然和谐相处的价值取向，是人类生态文明认识上的一次飞跃，也是人类价值观念的一大转变。

第二，创建"绿色学校"，建设生态文明的示范基地。目前，欧洲、北美洲很多国家先后在学校和青少年中推出不同层次的绿色行动计划，其目的之一就是要充分发挥学校的作用，开展环境教育的校园示范，推动校内外环境保护和可持续发展的进程。英国、丹麦的"生态学校"、美国的

"绿色大学"、英国的"环境议程"学校就是其中的典范。我国自1996年《全国环境宣传教育行动纲要》中提出创建"绿色学校"活动的倡议以来，各地教育、环保部门积极行动，把环境教育作为提高学生素养和改进校园环境管理的切入点，做了大量细致的工作，推动了创建"绿色学校"活动的开展。

第三，"和谐相处"从"我"做起。可持续发展思想以人地系统理论和生态系统理论为基础，指导社会和经济发展的新的理论模式。可持续发展强调，任何景观和现象都是人类和自然共同作用的结果。人类对自然界的影响既有积极的、建设性的一面，也有消极的、破坏性的一面，要实现人地可持续发展，就需要人类社会和自然环境和谐相处。我国现在实施可持续发展战略，就是为了使我们的子孙后代能够永续发展和安居乐业。

人与自然和谐发展必须从自我做起，从身边的小事做起。1991年，世界自然保护同盟等机构在《保护地球：可持续性生存战略》一书中，提出可持续生存九项基本原则及其行动建议，对我们的生态文明建设具有重要参考价值。这九项基本原则是：尊重和关心生物群落，改善人类生活质量，保护地球的生存能力和多样性，把非可再生资源的耗损减到最小，保持在地球的承载力之内，改变人们的态度和习惯，促使社会关心他们自己的环境，为综合发展与保护提供国家框架、创立一个全球联盟。比如，在"改善人类生活质量"原则中，提出了"加强对于自然灾害和社会动乱的防御"的行动建议；在改变人们的态度和习惯原则中，提出了"确保在国家可持续性战略中包括激励、教育并使个人有能力走向可持续生存的行动"的建议。因此，我们要从节约每一滴水、每一度电，爱护花草树木、不乱扔垃圾、不使用一次性筷子等小事做起，从自我做起，为人类的可持续发展做出贡献。

 **资源示例**

一场突如其来的饮用水危机几乎席卷了无锡市整座城市，其罪魁祸首是太湖蓝藻。

2007年夏天的一个上午，在高温的作用下，太湖无锡流域突然暴发大面积蓝藻。供给全市市民的饮水源也迅速被蓝藻污染。现场虽然进行了打捞，无奈蓝藻暴发太严重而无法控制。遭到蓝藻污染的水进入了自来水厂，然后通过管道流进了千家万户。

做晚饭的时间到了，但很多无锡市民却只能望水兴叹。散发着浓浓腥臭味的水不仅让人没有食欲，而且连洗漱都受到了严重影响。市民们两天没有洗澡了，水的味道实在令人作呕。市民们不约而同地涌到超市排长队购买纯净水。

环境专家认为，这次蓝藻暴发有天灾，但主要是人祸。没有人类的污染，水中就没有那么多氮、磷，也就不会产生富营养化的问题，蓝藻也就疯长不起来。十年治污取得了一定成效，但太湖又面临新的污染威胁。统计显示，太湖流域共有172条河流，大多数河流水质都呈恶化趋势。从整个流域看，太湖仍然没能走出边治理边污染的怪圈。

（根据《北京青年报》韩瑜庆／文改写）

 教学建议

太湖蓝藻暴发，引发了我国的一场"环保风暴"。其实，这只是我国环保问题的冰山一角。治理水污染不是关停几个排污企业的问题。它涉及社会的生态意识和环保行为问题，因此，我们要以此为例，倡导敬畏自然，尊重生命，从我做起，保护我们赖以生存的自然环境。

1. 学习蓝藻知识，分析太湖蓝藻暴发的主要原因。

2．研究太湖水系，为彻底解除太湖"水危机"提出解决方案。

3．谈谈自己身边的"水污染"及其现状。

4．以"太湖蓝藻大暴发"为例，反思人与自然环境的关系。

第二章
生命的尊重与珍爱

> 珍重自己的生命是每一个人的生命道德责任。
>
> ——〔德国〕康德

世界上的每一个生命都是独一无二的，都具有自己的个性与尊严，理所当然地应该受到尊重。生命对于任何个体而言都只有一次，十分短暂，必须珍视。人类的生命短暂而精彩，弥足珍贵，更应该善待之。尊重与珍爱生命是人类生命意识具体化、行为化的过程，是对待生命的基本态度和行为方式。尊重生命重在引导中小学生尊重生命的需要与权力，尊重生命的人格与地位，包括尊重自我生命和他人生命；珍爱生命就是要精心呵护生命，不漠视生命，不伤害生命。尊重与珍爱生命，是发展生命、成全生命的前提与基础。

第一节 尊重一切生命

1. 尊重自己的生命

尊重生命，首先要尊重自己的生命。对于中小学生来说，尊重生命首先就是要从小培养健康的生活方式，饮食上，不偏食，不挑食，不暴食，不暴饮，均衡营养；生活中，不吸烟，不喝酒，不吸毒，不做损害生命的事情。人生值得追求的东西很多，比如学业、名利、友谊、爱情等，比较而言，人的生命要贵重许多。一个人如果没有了生命，学业、名利这些东西也就都失去了意义。

现代心理学认为，人类心理健康的一个重要标志就是喜欢自己，欣赏自己，接纳自己。人不但需要别人欣赏，也需要自己欣赏，因为不欣赏自己的人常常会不喜欢自己，甚至是排斥自己的。正在上初中三年级的奇奇是个漂亮的女孩，可她却有个"假小子"的外号。原来，奇奇父亲家里几代单传，到他这儿生下的是个女孩。于是，从小全家人都把奇奇当成男孩来养，穿肥大的男孩衣服，留着小平头，说起话来粗声粗气。奇奇讨厌和女孩一起玩，而是整天与男孩子们混在一起，张口就是"哥们儿"。现在，她对自己的性别已不愿接受了。这种现象在心理学上叫"性别认同模糊"，家庭育养方式错误将直接影响到孩子的性别识别，势必对孩子们的成长产生负面影响。因此，专家建议，家长作为孩子生活中的老师，应该时刻关注孩子的心理感受，给孩子以恰当的爱，接受孩子的性别，而不是按照自己的想法实行不科学的育养。特别值得一提的是独生子女家庭，因为没有性别参照物，因此，家长应该有意识地培养孩子的生理性别，如有意识地鼓励男孩子踢足球，女孩子学插花等，进行"男人教育"和"女人教育"。要打破性禁锢，指导和鼓励孩子正常地同异性朋友或同学交往。

尊重自己的生命，必须对自己的生命负责。人生有很多责任，作为家庭的一员，我们要对家庭负责；作为社会的一员，我们都要对社会负责。当然，作为一活生生的人，我们首先要关爱自我，对自己的生命负责。生命对个人来说，只有一次，人死不能复生。近年来，青少年轻生、自残的消息不断在媒体上曝光，令人唏嘘不已。比如2013年的10月，在网络上就接连看到了几起中小学生轻生的报道。

10月23日下午，北京六一中学初二学生小颜（化名）在定慧东里小区17楼顶层纵身跃下，自杀身亡，年仅12岁。起因是和同学玩耍时不慎摔伤了同学，随后在办公室接受了老师三个多小时的批评教育。

10月30日，四川成都师范附属小学五年级男生军军（化名），留下遗言"老师我做不到，跳楼时我好几次都缩回来了"后，从30层高的楼上跳下身亡，年仅十岁。起因是不遵守会场纪律挨了语文老师的批评。

……

面对这样的事情，我们当然不能责怪孩子们，因为他们的生命太脆弱了，脆弱到不堪负重。但是，我们还是要提醒广大青少年，无论多大的事情我们都不能放弃自己的生命。且不说父母"十月怀胎"的艰辛，就是自己十余年的成长也是历尽了千辛万苦的，要珍爱自己，尊重生命。如果跳下楼去，摔残了、摔瘫了、摔成植物人了，怎么办？一个人摔下去算是自我"解脱"了，可你的父母、家人会怎么样？

当今社会，青少年成长的环境发生了巨大改变，比如一些影视剧过多渲染悲情，把逝去当成唯美；有些演绎人死而复生的情节，误导了青少年对死亡的看法，生命在他们心中没有崇高感，也没有"有限性"这个概念。在一项有关"你相信人能死而复生"的调查中，有49.8%的初中生和61.4%的高中生选择相信。当然，导致青少年轻生、自残的原因是多方面的，要多管齐下，综合治理。

2. 尊重他人的生命

生命权和健康权属于公民的基本人权之一。个体之外的任何人都没有权利肆意践踏他人的生命权和健康权。人从生命诞生的那一刻起，就拥有了独立的人格。即便是父母，也不能伤害子女的身体，侵害子女的合法权益。

20世纪90年代，有一部展示中美文化冲突下人性与亲情的电影《刮痧》，相信不少人会有印象。影片讲述的是一位中国旅美学者的家庭故事。孙子丹尼感冒了，主人公许大同的父亲采用刮痧疗法为孙子治疗，弄得丹尼满身瘀青。后被美国社会儿童福利局发现，并以涉嫌虐待儿童罪报警，许大同被告上了法庭。根据美国法律，父母虐待儿童，会被剥夺监护权。于是，丹尼转由社会福利署照看，许大同一家失去了对孩子的监护权。故事由美国人不理解中国的中医和刮痧疗法这一中美文化的差异引发而来，但也真实地告诉我们，美国人是怎样尊重他人生命的。

人有两种生命的本能。一种是爱惜自己生命的本能；一种是同情他人生命的本能。中西方哲学家们都非常重视同情这个本能，认为它是人性中固有的因素，是人区别于动物的起点，是道德的基础。孟子说，"无恻隐之心，非人也。"（《孟子·公孙丑上》）在他看来，有没有同情之心，是人与其他动物的一种分界。他认为，"恻隐"就是人心的直接裸露，"不忍"就是人因此而发生的情感趋向。他常常以"犲狼""禽兽"来指斥那些非人的行为，所以说"君子之于禽兽也，见其生，不忍见其死；闻其声，不忍食其肉。是以君子远庖厨也。"（《孟子·梁惠王上》）人对禽兽尚有不忍之心，何况对于人？孟子视"恻隐之心"为人性的一种本质，因而对其极其重视。

心理学家认为，一个富有同情心的人一般具备两个条件。第一，具有健全的生命本能，对自己的生命特别敏感，爱惜自己的生命。那种对自己的生命麻木的人，必然对别人的生命冷漠置之。第二，能够推己及人，由珍爱自己的生命而体会到别人对生命的尊重与爱怜之情，这样才能够对别人的生命怀有一种同情。令人担忧的是，现在有很多人对自己的生命爱惜有加，但却不能推己及人，表现出对他人生命极端的自私与漠视。2013年9月14日，江西抚州临川二中发生一起命案，该校高三学生雷某因不满班主任孙某的严格管理，产生积怨，在办公室将班主任孙某残忍杀害。表面上看，造成悲剧的直接原因，是重点高中过于重视升学率和名声，进而让师生关系受损，矛盾激化，实质上是弑师者对生命的麻木与冷漠！任何一个行凶者，都可以找到为自己开脱的理由。发生在西安大街上的药家鑫杀人案，发生在南平实验小学门前的郑民生凶杀案，他们也都各有自己的种种说法。但不论什么理由，都不能掩盖作为人性最基本的对自己、对他人生命负责的底线。那就是尊重自己的生命，更要尊重他人的生命。

3. 尊重其他生物的生命

在我们生活的这个星球上，每一物种都有其生存的权利，不分大小强弱，数量多寡，都是大自然的子孙，它们在生物学上的意义和价值都是同等的。随着"人类优先"这种物种歧视观念的出现，人类对其他生物生命的态度开始发生了改变。人类以不平等之心去对待其他物种，虐待甚至杀害它们以满足自己贪婪的私欲。人类一度忘了善待生灵、和谐发展才是他们的职责。

美国哲学家辛格（Peter Singer）在他的著作《动物解放》里，提出了"动物权利"的观念。他把关爱动物当作一项与全社会道德意识有关的"正义事业"，一种可以与"民权运动"和"妇女运动"等量齐观的社会价值重建和社会运动。这种理想主义的"动物保护"观点，对于当代年轻人产生了较大的伦理感召力。几年前的一次网球公开赛，曾发生过这样一个动人的故事。当比赛进行到最后一个关键的球时，甲方发球，乙方接住，双方成平局。可就在这时，一只小鸟突然飞进场内，非常不凑巧的是，小鸟被高速飞行的网球击中，当场坠地身亡。那位运动员不再关心比赛的输赢。他没有去接球，而是当着众多观众的面，虔诚地跪倒在那只小鸟面前，为自己的过失表示忏悔。

在我国藏北高原也流传着一个类似的故事。一位在青藏公路沿线狩猎的老猎人，过着风餐露宿，逍遥自在的生活。一天清晨，他发现对面草坡上站立着一只肥肥壮壮的藏羚羊。老人眼睛一亮，迅速回到帐篷拿来猎枪，他举枪瞄准。这时候藏羚羊也看到了老人。奇怪的是，那只肥壮的羚羊并没有逃走，只是用乞求的眼神望着老人，然后冲着他前行两步，用两条前腿扑通一声跪了下来，与此同时两行清泪从它的眼里流了下来。老猎人的心头一软，扣扳机的手不由得松了。因为藏区流传着一句老幼皆知的俗语："天上飞的鸟，地上跑的鼠，都是通人性的。"此时藏羚羊给他下跪自然是求他饶命了。可他是个猎手，不被藏羚羊的悲悯打动也是情理之中的事，于是老猎人双眼一闭，扣动扳机。枪声响起，那只藏羚羊栽倒在地，它倒地后仍是跪卧的姿势，两行泪迹也清晰地留着。

老猎人虽然成功地猎杀了藏羚羊，但他并没有往日捕猎成功的喜悦和轻松。他感到有些蹊跷，藏羚羊为什么要下跪？这可是他几十年狩猎生涯中唯一见到的一次。老猎人怀着忐忑不安的心情走近藏羚羊，当藏羚羊的腹腔在刀刃下被打开时，老人惊呆了，手中的屠刀当啷一声掉在了地上……原来在藏羚羊的子宫里静静地卧着一只小藏羚羊，它已经成形，但自然是死了。这时候，老猎人终于明白了藏羚羊的身体为什么肥肥壮壮，也终于明白了它为什么要弯下笨重的身子向自己下跪！

当天，老猎人没再出猎，他在山坡上挖了个坑，将那只藏羚羊连同它那没有出世的孩子一起掩埋了。同时埋掉的还有跟了他大半辈子的猎枪……从此，这个老猎人在藏北草原上消失了，没有人知道他的下落。

古人云，"天道恶杀而好生"，是希望我们所有的人都怀有慈悲之心，广行仁爱，手不伤生，受福于天。今天，我们要维护人与自然的和谐，首先要保持自己内心的和谐与安宁。一位日本教育家说过这样的话，我们要培养学生"面对一丛野菊花而怦然心动的情怀"。尊重生命，最基本的就是尊重生命的存在，知晓生命的不可重复性。人不应无端地剥夺别人的生命，即使是非常低级的生命。当一个人充满了对小草生命的关怀时，对于高级的生命、对于人的生命，他能不尊重吗？

资源示例

2006年8月10日，《南方周末》以"请尊重狗的生命"为题，发表了全国14家动物保护组织的一封公开信。信是这样写的：

云南省楚雄州牟定县政府领导：

惊闻贵县近期发生多起疯狗咬人事件，我们——全国各地的动物保护组织——对此强烈关注，并对肖正友、李文秀、施家英三位遇难者表示深切的哀悼。

事发后，我们就狂犬病的有关问题请教了多位中国知名流行病学专家。他们解释说：狂犬病是由狂犬病毒侵犯神经系统引起的高死亡率急性传染病，主要传染源是病犬，其次为猫及其他动物——如兔子、狐狸、狼、臭鼬、浣熊等。病毒主要通过受感染动物的咬伤，随唾液进入人体。而控制方法以预防为主：为动物定期注射疫苗，人被动物咬伤后，马上注射狂犬病疫苗和破伤风抗毒素预防针。由此可见，狂犬病虽然致死率很高，但传染途径不多并容易防范，是完全可以控制的。自20世纪60年代以来，发达国家对狗猫普遍进行狂犬疫苗接种，同时辅助其他预防措施，由狗传播的狂犬病已经得到控制或消灭。

我国各地也时有发生狂犬病致死人命事件，由于政府大都采取科学理智的方式处理，并没有发生大面积的疫病扩散。今年7月下旬，在河北临漳县称勾镇发生了疯狗咬人事件，涉及4个村庄的17人。当地政府一方面组织人将疯犬捕杀并深埋，一方面为群众注射狂犬疫苗，至今未发现死人和狂犬疫病暴发事件。有关专家也针对贵县疯狗咬人事件指出："只需要对这个镇及其周边的狗进行疫苗接种，同时对发病的这3个村子及其地理上密切相连的村子里所有的狗关在家里密切观察2～4周，如果有发病的迹象处死。对当地的无主流浪狗集中捕杀即可。"

但遗憾的是，贵县捕杀了全县50000只狗。据有关报道：原因是"由于狂犬病毒潜伏期较长，无法确定哪只狗带病毒，无法确定这些带病毒的狗具体又咬到了哪条狗，只得采取全部扑杀的办法"。我们认为这个逻辑是行不通的——健康的狗只有被疯狗咬伤后才有可能得病，这可以根据狗身上是否有伤口判断。即使将县内全部犬杀光，谁能保证疯犬不曾传染其他动物？谁又能保证邻县的狗没被疯犬传染？难道还要捕杀干净境内所有动物？难道还要把邻县之狗也要一网打尽？

值得一提的是，被捕杀的狗中还包括4000只已经经过免疫的。如果按照这种逻辑——即便注射过疫苗防疫也无法控制，那么是否应该把狗这个物种从地球上消失？

无论是对狂犬病还是对其他事情，都没有一劳永逸的捷径可走。解决它们，需要政府拿出足够的智慧来。但从今年4月8日贵县出现第一例狂犬病死亡案例，直至7月11日第三例死亡，贵县政府还做出过什么呢？我们认为，这反映出行政治理中存在的"智慧危机"或者说是"庸政"。据当地群众说，"打狗已经成为政治任务了"，甚至影响了国家机关正常运转。

生命无价！贵县发生人员伤亡事件，我们非常痛心。但是，人类离不开动物。这次事件更是凸显出人与动物如何和谐相处的问题。事实上，这也是动物保护组织努力的一个目标。我们宣传动物福利理念、提倡保护动物，不是不顾人类自身利益的极端行为；我们保护动物，更不是提倡全民吃斋，而是在倡导一个既能维护人类自身利益，又能最大限度保护动物基本权利的"和谐"理念。

无数事实不断警告我们：忽视动物福利，势必影响人类发展。在我国，由于随意遗弃动物造成了流浪动物的增加；中国目前又没有对流浪动物实施人道的收容制度，最后造成了疫病侵害人类健康。贵县发生的狂犬病事件就是一个很好的佐证。另外，由于无数的农场动物得不到最基本的福利保障，生活繁殖条件极其恶劣，造成它们自身免疫能力低下。我们食用它们，又伤害了自己的身体。

所以，我们坚持认为爱护人民不是体现在打狗的态度上。要想从根本上解决类似狂犬病问题，重要的是要学会如何去科学地认识人与动物之间的辩证关系。目前，我们提倡构建和谐社会，其中包括人与自然的和谐。我们要学会尊重自然界中的其他生命。

我们呼吁：贵县政府及其他相关责任人能对此事进行解释。我们将密切关注贵县政府的回应情况。

邯郸市小动物保护协会

中国小动物保护协会等14家动物保护组织

2006年8月3日

 教学建议

这封公开信在一定意义上中反映了我国民众对自然界其他生命的基本态度。但随着时代的进步，尤其在实施生态文明建设的今天，人们开始意识到，人与自然和谐，必须学会尊重自然界中所有的生命。

1. 云南省牟定县政府领导决策错误的关键点是什么？

2. 假如这一"狂犬病致死人命事件"由你来处理，你会采用什么样的对策？

3. 从人与狗的关系出发，谈谈你对人与其他生命之间关系的认识。

第二节　尊重生命的唯一

1. 生命有差异

差异是世间万物本身的规律，是绝对存在的事实，而相同只是相对的。由于遗传、环境和个体能动性三方面因素共同影响，生命个体之间形成了十分明显的差异。这些差异不仅表现在生理、性别和外貌上，而且更多地体现在心理上。一是个性倾向差异，包括兴趣、爱好、需要、动机、信念、理想、世界观等方面的差异；二是个性心理特征差异，包括能力、气质与性格等方面的差异。中小学生的个体差异突出表现为认识方式与思维策略的不同，以及认知水平和学习能力的差异。

每个学生都是一个独特的生命体。他们具有不同的家庭文化背景、成长经历、个性品质和生活追求。这些个体内和个体间的差异是一种宝贵的教育生态资源，对于学生的发展，尤其是自我认识、个人情感、人际交往的发展具有重要作用。所以，生命的差异化应该在生命教育中得到充分的承认、尊重和发展。只有关注个体的不同，尊重生命的差异，满足不同生命成长的需求，学生才会大胆展示自己的个性，真正实现生命与生命的对话。在生命教育中，个体差异对于个体发展具有重要的意义，主要体现在三个方面。①

其一，决定了个体拥有什么样的发展可能性。一般来说，个体已有水平越高，为个体提供的发展可能就越多，发展空间就越大。

其二，影响着个体对外界影响的选择。外界影响并不是自发地进入个体的活动领域，而是个体依据不同能力和需要进行选择。

---

① 高鹏，陈淑丽：《浅析新课程理念下如何关注学生个体差异》，载于《学理论》，2010年10月。

第三，制约着个体与他人的交往活动。在教学活动中，学生是通过与他人的交往活动而获得发展的。个体与谁交往，如何交往，往往与学生的家庭社会背景、知识水平、兴趣爱好、个人行为习惯及道德品性有较强相关性。

2. 生命有缺憾

生命无从选择，高矮胖瘦各有苦恼，没有人能十全十美。有的因为自己眼睛不够大而快快不乐，有的因为身材不够高而烦恼不已，有的因为家境贫寒而怨天尤人，有的因为智商不高而心灰意冷……但我们想没想过：世界上最不幸的还是那些残障人士！有资料表明，目前我国出生人口缺陷率，平均已高达千分之四。全国各类残疾人总数为8296万，占全国总人口的6.34%；有残疾人的家庭人口总数为2.6亿，接近全国总人口的五分之一。其中，有视力残疾者1233万人，听力残疾者2004万人，肢体残疾者2412万人，多重残疾者1352万人，还有智力残疾554万人，精神残疾614万人，言语残疾127万人等。

在这个世界上，没有缺憾的人是根本不存在的。无论是先天带来的遗憾，还是后天造成的不幸，我们都要理性面对。缺憾既给生命的成长带来了磨难，也会给生命的成长带来机会。人生有缺憾，才显得真实。"被上帝咬过的苹果"才显得独特而珍贵。美国作家希尔弗斯坦在《失落的一角》中为我们讲述了这样一个故事：一个轮子缺了一小部分，它很不开心。它一边唱着歌一边寻找那失落的一部分。找到的角有的太大，有的又太小。它漂洋过海，历经风吹雨打，终于找到了与自己最合适的那一角，它们组成了完整的圆。但是最后却发现自己再也不能唱那无忧无虑的歌曲了。于是，它轻轻放下已经寻到的一角，又独自上路……希尔弗斯坦以最简洁有味的线条和文字，阐释了一则有关"完美"与"缺憾"的寓言，令人们思索无限。

3. 别样生命更美丽

生命中的天赋和优势是财富，生命中的不完美也是上天赐予我们的财富。在一定的条件下，缺憾能够成为人们积极奋起的动力，成就别样人生。因而，我们要尊重生命的缺憾，善待自己的缺憾，悦纳他人的缺憾。

在美国，有一位牧师的女儿，她天生是一位脑性麻痹患者，且无法言语。但她却靠着无比的毅力与信仰，拿到了艺术博士，并到处现身说法，帮助他人。有一次，她应邀到一个场合"演讲"（以笔代口），一个学生当众问她："你从小就长成这个样子，请问你怎么看你自己？你没有怨恨吗？"这个无心但尖锐的问题让在场人士无不捏了一把冷汗，生怕刺伤了"演讲者"的心。只见她回过头，用粉笔在黑板上吃力地写下了"我怎么看自己？"这几个大字，再回头笑着看了看大家后，又转过身去继续写着：一、我好可爱！二、我的腿很长很美！三、爸爸妈妈这么爱我！四、上帝这么爱我！五、我会画画！我会写稿！六、我有只可爱的猫！七、还有……忽然，教室内一片鸦雀无声，没有人敢讲话。她又回过头来静静地看着大家，再回过头去，在黑板上写下了她结论："我只看我所有的，不看我所没有的……"几秒钟之后，全场爆发出雷鸣般的掌声。

约翰·库缇斯出生时只有矿泉水瓶那么大，脊椎以下没有发育，双腿像青蛙腿那样细小。医生断言他活不过当天，但是，他活了下来。18岁时，约翰·库缇斯的双腿被截掉，他趴在滑板上生活，成为一个自食其力的人……

约翰·库缇斯没有双腿，却是那样的自尊、自信和自立：他没有双腿，却能潜水；没有双腿，却能驾驶汽车；没有双腿，却能成为运动场上的冠军。他没有双腿又得了癌症，却能环游世界四处演讲；他时时刻刻面对着死亡，却能拥有最完美的爱与生活。

我们在品味蒙娜丽莎迷人的微笑时，计较过她那略显臃肿的身材吗？我们在欣赏维纳斯无穷的魅力时，埋怨过她缺失的双臂吗？我们醉心于贝多芬震撼人心的交响曲时，想到过他年轻时就已失聪吗？我们折服于霍金严谨深邃的科学结论时，在意过他无法自理的身体吗？每个生命中都会有缺憾，尊重生命，悦纳缺憾，会让生命呈现出更有价值的美！

 **资源示例**

女生晶晶

十岁的晶晶，是一个语言残障儿，是一个随班就读的特殊学生。据以前教过她的老师说，她从未做过作业，从未举手发言，总是沉默如一尾鱼，似乎课堂上的一切与她毫不相干。初次见到她，我的心中一怔：多有灵气的小姑娘！明亮的大眼睛忽闪忽闪，白白的皮肤略带绯红！只是从她看人时的眼神，我察觉到她的自卑。每到上课时，她总是坐得端端正正，专注地听着，每到下课她也是静静地坐在位置上，极少与同学交流。唉，真可惜！这么可爱的女孩子怎么会是个语言残障儿呢？

看到她，我常常会有一种心痛的感觉。我决定改变她。于是，上课时我有意无意地叫她发言。起初，她使劲低着头，好像做了什么错事一样，脸涨得通红，无论我怎么鼓励、启发，她就是默不作声。我只得让她坐下，但每次我都刻意轻轻拍拍她的肩，微笑着对她说："相信自己，你能行。"日子久了，虽然她一如既往，可我能从她偶尔欲言又止的神态中感觉到她心中的坚冰正在慢慢融化。

机会终于来了。那是一个冬日的午后，暖暖的阳光照耀着，同学们正在午休时间，这时，学校"红领巾"广播站的"温馨时光"栏目播出一首歌，那是学校专为我的生日而点的，听到歌声，教室里顿时欢呼雀跃，孩子们纷纷涌上讲台，祝我生日快乐，还有的说要送我礼物，我拍拍手，示意大家安静，大声说："请用你心中最想说的话表达对我的祝福，好吗？"大家一致赞同。接下来，同学们有的为我念了一首诗，有的为我唱了一支歌，有的为我说了祝福的话语……最后，唯有晶晶一个人还未表示，全班同学的目光齐刷刷射向她，好半天，她才慢慢站起来，沉默良久，然后一字一顿地说："张老师——我——爱——你！"虽然说得很费力，但表达很清楚，同学们都哄堂大笑起来。我用眼神制止了同学们，快步上前紧紧拥抱住她，激动地说："老师谢谢你的爱！"霎时，掌声响起，我看见晶莹的泪光在晶晶眼中闪耀！那一刻，我的心也涌动着一种无以言表的感动！

渐渐地，上课时，我偶尔点她读词、发言，她也能怯怯地回答了。再后来，她开始举起了小手，我从未放过给她展示的机会，总是送去赏识的微笑，竖起大拇指。时间长了，同学们也习惯了她的说话，不再哄堂大笑了，晶晶的表现也越来越出色。走近她，才知道她竟是如此聪慧！她开始完成作业，积极发言，充满自信地为班级工作出谋献策。教师节那天，她送给我一张自做的心形卡片，上面写着：张老师，是您的微笑让我生命的花朵重新绽放！我爱您！

我久久凝视着这张卡片，温暖充盈心房，我知道，晶晶已扬起自信的风帆，她起航了！

（湖北省钟祥市新堤小学教师 张琴）

 教学建议

"随班就读"是我国普及残疾儿童少年义务教育的一种办学形式。原本是指让部分肢残、轻度弱智、弱视和重听等残障儿童少年与普通学生一起学习、活动的一种教育方式。后来，社会又赋予"随班就读"这个概念新的内涵，即让未成年违法犯罪学生（未收监或强制劳教）的儿童少年仍然回到原有的学校、班级学习成长。因为这些特殊儿童少年通常存在自卑、孤僻的心理，他们更需要获得尊重与友谊，对他们的矫治需要从身心到情感的全面关怀。跟班就读，就是对特殊儿童少年最好的关怀。

1. 了解国家"随班就读"相关政策的基本内容与要求，积极参与

"随班就读"教育实践。

2．特殊儿童少年生命差异、需要与教育策略分析。

3．与负责"随班就读"实验教学的教师交流分享特殊儿童少年教育的经验与体会。

第三节　尊重生命的权利

1．看重生命的价值

与生命相比，名誉、金钱、地位等都显得不重要。因为，人只有活着，才能享受生活的美好，才能创造人生的价值。活着，是生命最基本的价值，它是人生其他一切价值的前提和基础。没有生命其他什么都谈不上。无论家庭穷与富，学习好与坏，我们都应该享有生命的尊严，体面地活着。在确立生活目标时，要以尊重人、尊重生命为前提，不要践踏生命的尊严！一次偶然犯规、一次作业出错不能成为我们轻视自己的理由；生理缺陷、身体素质差更不能成为我们歧视自己的原因，我们要挺直腰杆，堂堂正正做人。

竺可桢小时候身材瘦小，体弱多病，经常被班上一些同学讥笑，说他活不过20岁。于是，竺可桢下决心锻炼身体。不管别人怎么说，他每天坚持跑步，风雨无阻。此外，他还参加其他体育运动。后来，他的身体越来越健康，不但顺利考取了大学，还留学西洋。学成归来，他成为中国卓越的科学家和教育家，当代著名的地理学家和气象学家，中国近代地理学的奠基人。

面对生活中的苦难，有人失去了生活的勇气，熄灭了生命的热情，有的人却愈挫愈勇，磨炼出生命的坚强。2008年5月15日，汶川大地震震后三天的早上10点，救援人员在都江堰荷花池市场的废墟中发现了被困70多个小时的女孩乐刘会。乐刘会对救援人员说："我就知道你们会来救我，我相信你们会来救我！我听到外面有人说话，我就不停喊救命；没声音了，我就不喊了，我要留着力气。渴了、饿了，我也坚持着，累了我就休息一会儿。"虽然她的嗓子有些沙哑，但那镇定的语气、坚定的眼神，实在让人感动！她在废墟下得知自己的母亲来了时，拼命摆手说不要让母亲知道。她脱险后躺在病床上，她的母亲哭了，可小刘会却对母亲说："不要哭！不要哭！我在'那里'时都没有哭！"乐刘会不仅创造了生命的奇迹，也享受到了生命的快乐。她的经历告诉我们，只要心中还有希望，精彩的生命将永远属于我们自己。

2. 保守成长的秘密

青春期是人由儿童到成年的过渡时期，是人的生理和心理发生巨变，并走向成熟的时期。在青春期里，每个人都有自己成长的秘密，有的甚至烦恼不断，问题多多。面对无尽的烦恼，我们需要借用理性的钥匙加以破解；面对不良的诱惑，我们需要用坚定的信念加以抵御。

（1）青春期发育

变了，完全变了！张小英站在穿衣镜前，反复打量着自己：修长的大腿、浑圆而微翘的臀部、纤细的腰、隆起的胸部……她惊喜不已，惊喜中又分明掺有一丝丝恐慌。她不明白，那个在世上晃荡了整整14个年头的"丑小鸭"怎么一夜之间就变成了美丽的"白天鹅"，而且变得如此不动声色、如此天衣无缝，背后的奥秘究竟是什么？

其实，穿衣镜前展现给她的还只是外观，还有深层次的变化呢，如每月的例假、隐秘部位的体毛萌发，以及心灵深处对异性的那一缕兴趣与依恋……

张小英的困惑并非偶然，也非个别，花季少女大多有这样一段"心理曲径"。究其实质，是性系统的启动导演了从女孩到姑娘的嬗变。

原来，十二三岁以后，青少年会明显感觉到自己在变化，身高、体重、胸围、骨盆等都在加速增长。但最明显的变化就是生殖器官的迅速发育和第二性征的出现。第二性征是指由于性激素的作用引起的男女性别的差异。男子的第二性征包括长出体毛（胡须、腋毛、阴毛）、变声、外生殖器的发育、精液的分泌、骨骼变硬、肌肉发达、出现男性特有的气味等。女子的第二性征包括长出体毛（腋毛、阴毛）、子宫及卵巢的发育、月经的开始、乳房的隆起、皮下脂肪的增加、出现女性特有的气味等。伴随着外形的变化，青少年的脑和神经系统基本发育成熟，思维能力在增强，求知欲、好胜心在增长。少男少女们开始变得善感多思、独立自信……长大的感觉真好！

（2）青春期烦恼

进入青春期后，随着身体与心理的发展变化，青少年或多或少会产生一些烦恼。由于生殖器官的发育及生理机能的逐步健全，男孩出现了遗精，女孩出现了月经，这些生理现象让他们惶惑；由于激素的分泌，一些男孩女孩的脸上长出了青春痘，影响自己形象的美观；随着生理的发育成熟，他们的性别意识增强了，对异性产生了既排斥又思慕的心理；在心理发展过程中，他们会出现冲动、逆反行为……青少年正处于幼稚与成熟的分界线上，有一些烦恼十分正常。

同时，因为青春期正处于人的独立意识形成期，青少年不像儿童那样，心里有什么话都愿意和父母、老师讲，而是希望保留一片属于自己的隐蔽天地。于是，出现了不愿意向父母"汇报"，不愿意听父母"盘问"的现象。有调查表明，青少年诉说对象最多的是同学和伙伴，占81%，其次才是父母，占19%。这间接说明，绝大多数的少男少女对父母和老师已经关闭了自己的心扉。这是青春期心理特征之一"闭锁性"的典型反应。这时候，如果家长和老师不反省自己的教育方式，贸然进入学生的私密空间，私拆信件、偷看日记或QQ聊天记录，必然会激起青少年强烈的反应。保护自己隐私权利是青少年心理发展的正常现象。

心理辅导老师：

你好！

我从小就养成写日记的习惯。久而久之，日记成了我生活中最要好的朋友。

由于我情绪内向，知心朋友不多，所以自己的心里话都能够对"它"说。然而，最近我发现，我的妈妈常常偷偷地翻看我的日记。她怎么能这样呢？我非常痛苦，不知道该怎么办？

希望得到您的指点。

筱 雯

面对这些成长中的烦恼，青少年要理性应对，因为自己长大了。比如，发现长辈们侵犯了自己的隐私时，一方面，要据理力争，维护自己的隐私权；另一方面，也要多和长辈们主动沟通，既感谢他们的关心、爱护，又要帮助他们改进了解自己的方法，成为自己可信赖的朋友。

3. 生命平等

史怀哲先生呼吁，全人类要尊重生命，反对将所有的生物分为有价值的与没有价值的、高等的与低等的。他认为，生命大到人类，小到微生物，都是具有生存意志的生物，其生命地位都应该是平等的。人类又是自然界中的一部分，与动物、植物共存于自然界。人类生命与一切生命相关联，只有尊重自然界的生态平衡，保护好生物物种的多样性，才不至于因自己过于"强大"而毁灭自身。

尽管人与人之间存在着种族、文化、阶层、生存时空、生存状态等多方面的差异，但人在生命本质、生理机能、生存需求、延续方式等基本方面却是同一平等的。基于这种生命平等的原则，每一个人都渴望并追求在平等的状况中生存与发展。于是，不断地满足和保障人们在生命平等上的需要，就成为人类社会和谐发展的必要前提。然而，真正做到生命平等却是一件很难的事情。

自古以来，受封建等级观念的影响，很多人潜意识里将人分为三六九等，人为制造生命的不平等。东汉班固在《汉书·古今人表》中将人归入"九品量表"，分为上（上智）、中（中人）、下（下愚）三等，然后，依次将"上人"分为：上上、上中、上下；"中人"分为：中上、中中、中下；"下人"分为：下上、下中和下下，共为九品。客观地讲，史学家按照一定的标准对古今人物做出学术评价也许没什么不妥当，但如果我们以财富、地位、权力等为标准，将人分为三六九等，就涉及对人的歧视，对生命的歧视。社会发展到今天，生命平等仍然是人们所追求的理想境界。现行户籍制度之所以饱受诟病，其主要原因，就在于它人为地把本应平等的居民身份划分为三六九等，与住房、教育、医保、购车等社会福利直接挂钩，户籍不同待遇迥异，加大了贫富差距，加剧了社会分化。

在日常生活中，由于生命的等级观念作祟，常常做出一些令人匪夷所思的事情来。在广州曾出台一项政策，禁止乞丐沿街乞讨，说是影响市容。兰州永登县城关小学将学生校服分成三个档次：高档的220元，中档160元，低档90元，并要求学生和家长选择定做。此举在学生及家长中引起了争议，认为让学生知道自己到底属于哪个等级的做法对学生的发展不利。再说，校服作为一个学校学生身份的重要标志，统一样式与价格应该是一个育人的底线。2011年10月中旬，陕西省西安市未央区第一实验小学为部分学生发放绿领巾，要求这些学生佩戴。学校解释说，学习、思想品德表现稍差的学生没有红领巾，所以为这部分学生发放了绿领巾以资激励。但是家长并不认可这一做法，甚至很反感。认为，这是对孩子们的侮辱和歧视，不仅起不到激励作用，相反会大大伤害孩子们的自尊心和自信心。一年级的一名女学生就说："因为我表现不好，老师说等我表现好了就会给我红领巾。"生命"歧视"现象还有很多，如种族歧视、性别歧视、地域歧视、群体歧视等。对于处于不利地位的社会群体，比如老年人、贫困者，我们更应该增强平等意识，维护他们的合法权益，为他们提供力所能及的帮助。

虽然人们生活的地域不同、环境不同，从事的职业不同，但每个人都在以自己的方式为社会做贡献。因此，人的生命是平等的，没有贵贱之分，都应该得到尊重。人与人之间的平等，集中表现在人格和法律地位上的平等。在人格上，每个人都是具有独立意识的主体，都有做人的尊严，都不容轻视。在法律地位上，每个人都平等地享有法定的权利，平等地履行法定的义务。

资源示例

2009年年初，苹果总裁乔布斯被查出肝硬化晚期。医生告诉他，必须马上进行肝移植，才能挽救他的生命。

乔布斯同意了肝移植手术方案。

院方马上为乔布斯在加利福尼亚州肝移植中心进行登记，等待肝源。

可院方发现，要进行肝移植的病人很多，如果排到乔布斯至少需要10个月时间。为了尽快挽救乔布斯的生命，院方马上又为乔布斯在其他州进行了登记。这种跨州登记在美国是法律所允许的，目的是争分夺秒地抢时间，尽快地挽救病人的生命。

院方发现，几个州最快的是田纳西州，只需要6个星期就可以等到。于是，乔布斯被排到需要肝移植的人中最后一个。

对于急需肝移植的病人，每一秒都显得那么宝贵。

于是，有人找到医院院长杜尔先生，希望杜尔先生行使一下院长的特权，让乔布斯插个队，先给乔布斯移植。

院长杜尔先生听了皱起了眉头，脸上露出十分惊讶的神色，他两手一摊，无奈地耸耸肩，说道："我哪有这个特权让乔布斯插队？如果让乔布斯先移植了，那么其他病人怎么办？一切生命都是平等的啊。"

说情的人只好郁郁寡欢地离开了杜尔的办公室。

有人又找到田纳西州州长菲尔·布雷德森，希望布雷德森能帮帮忙，行使一下特权，给院方打个招呼，或写个批条，让乔布斯先移植，否则，乔布斯会有生命危险。

布雷德森听了，脸上的笑容消失了，他严肃地说道："我哪有那个特权？打个招呼？批个条？什么意思？我不懂！谁也没有什么特权能让谁先移植，谁可以后移植。一切生命都是平等的，大家只能按排队秩序来进行。"

说情的人只好都郁郁寡欢地离开了州长办公室。

有人对乔布斯悄悄地说道："看能不能花点儿钱，给有关人员打点打点，让您先移植？"

乔布斯听了，吃惊地说道："这怎么行？那不是违法吗？我的生命和大家的生命是一样的，大家只能按照秩序来排队！"

没有任何人能帮助乔布斯，包括他自己。那些排在乔布斯前面需要肝移植的病人有的是普通的公司职员，有的是家庭主妇，有的是老人，还有的是失业者，他们都在按照顺序排队，等待可供移植的肝脏。生命，对每个人来说都是那么宝贵。

六个星期后，乔布斯终于等来了可供移植的肝脏。可是，由于等待时间太长，乔布斯的癌细胞已经转移。这次移植只延长了乔布斯生命两年多的时间。

但是乔布斯无怨无悔。他在生命最后两年多的时间里，依然为苹果公司开发出更加新颖的苹果产品，直到他生命的最后一刻。

艾萨克森深情地说道："生命没有高低贵贱的区别，任何生命都是平等的。平等不是口号；平等不是作秀；平等更不是交换；它是生活中最生动、具体的体现。它如明月般皎洁，光可鉴人，散发着圣洁的光芒，它使我们看到了人性的光辉，直抵我们内心的柔软。"①

---

① 木子良：《一切生命都是平等的》，载于《郑州日报》，2012年8月2日。

教学建议

德裔美籍西方著名新人道主义伦理学家埃里希·弗洛姆（Erich Fromm）说："尊重生命、尊重他人也尊重自己的生命，是生命进程中的伴随物，也是心理健康的一个条件。"尊重生命需要社会的大环境，更需要每个生命的自觉与良知。阅读乔布斯的故事，思考以下问题。

1. 田纳西州医院院长杜尔先生和田纳西州州长菲尔·布雷德森的态度说明了什么？

2. 在排队等待肝移植手术这个生命攸关的问题上，你了解到一个怎样的乔布斯？

3. 乔布斯尊重生命的精神，对我国中小学生命教育有哪些启发？

第四节　生命需要呵护

1. 生命很短暂

初夏的黄昏时分，人们常常可以看到一种体长不到1厘米的小虫，成群地在空中飞舞，这些小虫就是蜉蝣。研究表明，蜉蝣从它变为成虫时起到它生命结束止，最多的活不到一天，少的仅仅只有几小时。在昆虫世界里，蜉蝣成虫的寿命十分短促，因而它们十分珍惜这短暂的时光。蜉蝣变为成虫后，既不吃也不喝，急急忙忙飞聚到一起择偶婚配、产卵……完成了繁衍后代的大事，它便心力枯竭地死去。早在两千多年以前，我们的祖先们就已经发现蜉蝣"朝生暮死"的现象。因此，古人在文学作品中提到它时，就感叹生命的短暂，告诫人们珍惜时间。

事实上，任何生物的寿命都是有限的。尽管不同物种之间、不同个体之间有一定差异，譬如有的生命朝生暮死，有的生命则长达千年，但所有生命都会有生有死，受到限制，人也没有例外。据说，两千多年前，人的平均寿命不到40岁。现在，随着生命的进化和科技的发展，人的寿命逐渐延长，平均寿命已经接近80岁。人的生命可谓长矣！但与地球生命及人类历史相比，人生实在不过是一个短暂的瞬间！现代科学研究认为，宇宙大概形成于200亿年前，地球大约在46亿年前产生，原始生命大约起源于32亿年前，我们人类的历史大约有300万年。相对于宇宙、地球、人类历史而言，我们每个人的生命何其短暂！唯其短暂，所以我们要倍加珍惜与呵护。

2. 生命很脆弱

尽管人的体内蕴藏着极大的潜能和无穷的意志力，但人毕竟是由细胞构成的血肉之躯。在疾病、自然灾害、人为灾害面前，人的生命有时显得非常脆弱。

自人类诞生以来，疾病就伴随着人类，并不断地攻击着人类，给人类带来了巨大的痛苦和灾难。14世纪初叶，几只老鼠从意大利某个港口的一艘进港船只上逃上岸，引发了大规模的鼠疫。这种黑色鼠疫从意大利传到亚欧大陆，七年中大约夺去4800万人的生命。20世纪80年代以来，艾滋病又向人类发起了猛烈的进攻。2011年7月，在罗马召开的国际艾滋病大会的统计数据显示，目前全世界感染艾滋病病毒的人数已激增到3300多万人，从1981年报告发现第一例艾滋病到2007年已导致2700多万人死亡，艾滋病成为人类历史上最具杀伤力的疾病之一。

历史上发生过无数次自然灾害。地震、海啸、洪水、龙卷风等各种各样的自然灾害不时地袭击着人类，以其强大的破坏力和杀伤力无情地威胁着人类的生存安全。1976年，我国唐山发生大地震，整个城市几乎成为废墟，近30万人在大地震中丧生。2004年，东南亚地区发生海啸，受害各国死亡总人数超过30万。2008年，我国汶川发生大地震，其中近7万人遇难，37.4万余人受伤，近1.8万人失踪。

在人为灾难面前，人类生命的脆弱同样凸显无遗。据统计，人类在历史上各种战争中的死亡人数高达36亿，仅第二次世界大战，就造成了5000多万人的死亡。在各种各样的事故中，人的生命同样转瞬即逝。一次生产事故，一场火灾，一起交通事故……几个、几十个甚至几百个生命一瞬间就消失了。以交通事故为例，2010年，全国道路交通事故造成65225人死亡、254075人受伤，直接财产损失9.3亿元。2014年8月2日7时33分，江苏昆山中荣金属制品有限公司的汽车轮毂抛光车间发生爆炸，厂房的屋顶被掀开了三分之二，人员伤亡惨重。这次事故共造成146人遇难，114人受伤。

《上海市中小学生安全情况报告》指出，2012年上海市共发生中小学生安全事故2468起，伤亡2472人。其中非正常死亡学生56人。溺水死亡占到死亡学生数的42.9%，仍居学生死因首位。随着社会的进步、生活节奏的加快、生活水平的提高，人类的生活习惯也随之改变，现在癌症、心脏病、高血压、糖尿病等疾病已然成为人类健康的新杀手，这使原本脆弱的生命雪上加霜。随着中小学升学竞争的日趋激烈，学生又在生存砝码中增加了一份学业的竞争。

3. 生命有危机

人类的生命面临着多重危机。首先是生命在走向社会的过程中，所表现出来的种种冲突与不适应。美国著名的发展心理学家埃里克森曾提出了人格的社会心理发展理论，并把人的心理发展划分为八个阶段。他认为，人的每一阶段都有一个特殊矛盾，只有顺利地解决了这些矛盾，人格才能健康发展。埃里克森所说的特殊矛盾实际上就是生命成长所面临的八大危机。我们将其列表如下，以供大家学习参考。

表1 埃里克森提出的人格心理发展阶段

年龄段	心理社会危机	有意义的事件和社会影响
出生至1岁	基本信任VS基本不信任	婴儿必须学会信任别人对他们基本需要的照料。如果照料者拒绝或前后不一致，婴儿可能认为世界是危险的，这里的人是不可信任或不可靠的。主要的社会动因是照料者。
1～3岁	自主VS羞耻和疑虑	儿童必须学会"自主"——自己吃饭、穿衣、讲究卫生等等。如果不能实现这种自立，可能引起儿童怀疑自己的能力，感到羞耻。主要的社会动因是父母。
3～6岁	主动VS内疚	儿童试图像成人一样做事，试图承担他们能力所不及的责任。他们有时候采取的目标或活动与父母或其他家庭成员是冲突的，这些冲突可能使他们感到内疚。成功地解决这些危机要求达到一个平衡：儿童保持这种主动性，但是要学会不侵犯他人的权利、权益和目标。主要的社会动因是家庭。
6～12岁	勤奋VS自卑	儿童必须掌握重要的社会和学习技能。这一阶段儿童经常将自己与同伴相比较。如果很勤奋，儿童将获得社会和学习技能，从而感到很自信。不能获得这些技能会使儿童感到自卑。主要的社会动因是老师和同伴。
12～20岁（青少年时期）	同一性VS角色混乱	这一阶段是童年向成熟迈进的重要转折点。青少年反复思考"我是谁"。他们必须建立基本的社会和职业同一性，否则他们就对自己成年的角色感到困惑。主要的社会动因是社区中的同伴。
20～40岁（成年早期）	亲密VS孤独	这一阶段的主要任务是形成亲密的友谊关系，与他人建立恋爱或伴侣关系（或共有同一性）。没有建立亲密的友谊关系会使个体感到孤寂和孤立。主要的社会动因是爱人、配偶，或亲密朋友（同性或异性）。
40～65岁（成年中期）	繁殖VS停滞	这一阶段成人面对的主要任务是繁殖。他们要承担工作和照顾家庭、抚养孩子的责任。"繁殖"的标准是由文化来界定的。不能或不愿意承担这种责任会变得停滞或自我为中心。主要的社会动因是配偶、孩子和文化规范。
65岁以上老年期	自我整合VS绝望	老年人回顾生活，认为它或者有意义的、成功的、幸福的，或者失望的、没有履行承诺和实现目标。个体的生活经验，尤其是社会经历，决定着最终的生活危机的结果。

据英国媒体报道，英国心理学家和社会学家认为，对于26岁至30岁年龄段的年轻人来说，他们正在经历着另一版本的"中年危机"，而这一特殊的心理时期则是与当今社会、经济、文化等诸多因素息息相关的。就整体而言，现在的年轻人较之前几代人确实面临更多的压力——许多人离开大学后还背负着沉重的助学贷款；现在的生活成本又是如此昂贵；与前辈相比，财富之路更是充满更多艰难险阻。汤森博士认为，看起来光鲜亮丽的明星们的生活也给年轻人带来了很多压力，让他们抱有不切实际的期待与幻想，总想着一定要在30岁之前取得成功，过上明星们的生活。殊不知，一旦空想破灭，发现自己无法过上名人那样的生活，带给自己的则是长时间的失落感和空虚无助感。在英国，就有四分之三的年轻人正经历这段危机。

"天有不测风云，人有旦夕祸福。"这话告诉我们：生命中的危机随时都可能发生。当下，虽然我们的物质生活质量有所提高，可节奏快，心理紧张，身体疲惫，并不轻松。更何况天灾频发、人祸不断，诸如空气污染、食品激素超标等，更增添了生命危机暴发的概率。古人说："千金之子，坐不垂堂。"意思是说，休息的时候不要待在屋檐下，不在有危险的地方停留。我们要有危机意识，做到临危不乱、处之泰然。唯有树立起生命安全意识，远离危险，才能呵护自己的生命。

资源示例

一个高三男生自杀了。他从五楼宿舍的窗户跳了下去，原因竟然是因为他母亲对他的怀疑。

男孩四岁的时候，父亲就在车祸中丧生了。他和母亲相依为命，感情一直很好。那年冬天，学校要求住校，母亲在宿舍里替儿子张罗好一切后才离开。快到家的时候，她发现自己的包不见了。急忙打电话问儿子见到她的包没有。儿子说，母亲临走时把包落在了他床上。他下午刚好没课，就把包给母亲送过去。

母子俩约好在一家饭店吃晚餐。寒风里，儿子赶到饭店大堂的时候，脸被冻得通红。母亲接过包，迅速打开包，先看了看里面的卡，然后拿出里面的钱来一边走一边数。

看到这一切，儿子突然停住了脚步，生生地说："妈，我想起晚上还有自习，我得先回去了。"说完转身就消失在寒风里。

午夜，母亲接到了校长亲自打来的电话，说孩子出事了。等她匆匆赶到学校时，看到的却是儿子冰冷的尸体。

男孩自杀前，在日记本上这样写着："妈妈竟然在接到我送过去的钱包之后，迫不及待地查看里面的卡，还数了数里面的钱。她竟然不相信我！世界上最疼我的人、我最爱的妈妈竟然都不相信我！我真不知道活在这个世界上还有什么意思！"

（改编自《致命的怀疑》）

 教学建议

为了证明自身的清白与尊严，我们可以有很多的选择，选择极端方式非但于事无补，还会出现更深的伤害；在生活中，一个看似不经意的举动却在无意中侵犯了他人（包括自己的亲人）的尊严，这种现象相当普遍……这个案例留给我们太多的思考与警示。

1. 想一想，面对类似的委屈，我们还可以有哪些选择，试设计出具体的行为方式。

2. 讲一讲，在我们的生活中，发生过哪些无意中侵犯他人（包括自己的亲人）尊严的事情，人们是怎样应对的？

3. 演一演，把这个故事改编成一个小话剧，并在班级里演出。改编后的故事，可以是悲剧形式，也可以是喜剧形式。

第三章
生命伦理与道德

> 当一个人把植物和动物的生命看得与他的生命同样重要的时候，他才是一个真正有道德的人。
>
> ——〔法国〕史怀泽

所谓伦理指的是"人与人之间相互关系的基本道理和准则"①。生命伦理狭义解释为，"对科学技术运用于生命科学、医学领域而引发的道德问题的思考和认识"，"重点是对科技在生命和医学领域应用的行为规范"。②学校生命教育中的生命伦理，一般取其广义的理解，包括环境伦理、生态伦理等关涉人类生命和生存的伦理；其核心是生命与死亡，是人的本性和本质。③

所谓道德是一种社会意识形态，"是人们共同生活及其行为的准则和规范"。④学校生命教育中的生命道德，既是"调整人与自己生命、他人生命以及他类生命之间关系的道德"，⑤其内涵包括关爱生命、感恩自然和追求生命意义。⑥

中小学生命伦理与道德教育将从传统的伦理与道德的认知入手，了解现代生命技术对传统伦理与道德的挑战，以及社会转型时期生存与生活观念对传统伦理与道德之间的冲突，通过生命教育培养和提高青少年生命伦理与道德的认知水准与实践能力，为幸福人生奠定基础。

---

① 沈铭贤：《生命伦理学》，北京，高等教育出版社，2003年。
② 倪愫襄：《伦理学简论》，武汉，武汉大学出版社，2007年。
③ 沈铭贤：《生命伦理学》，北京，高等教育出版社，2003年。
④ 中国社会科学院语言研究所词典编辑室：《现代汉语词典》2002年增补本，北京，商务印书馆，2002年。
⑤ 刘慧：《生命道德论》，北京，人民教育出版社，2005年。
⑥ 李高峰：《论青少年生命道德教育之必要性要性》，载于《西南交通大学学报（社会科学版）》，2010年第2期。

第一节　传统的生命伦理与道德

人的生命成长过程不是孤立的，存续于一定的社会关系之中。这就决定人在生命实践活动中，时刻需要处理与自然、与社会、与他人、与自我的关系。如何处理这些基本关系？规约人类的生命行为的规范是什么？这就是生命伦理与道德存在的意义了。

1. 传统的生命伦理与道德

在中国传统文化中，先贤们对"伦理"和"道德"这两个概念的解读十分精准。"伦"表示辈分、类别、秩序；"理"表示治理、条理、规律；"道"表示道路、道理；"德"是理的规定，道的遵守。"伦理"赋予道德以客观内容；"道德"则是体现伦理精神、调节伦理关系的形式。"伦理"侧重于社会，强调客观关系和秩序；"道德"侧重于个体，强调主观内在的操守。因此，有人认为"伦理"研究的是"治世"的学问，"道德"研究的是"修身"的学问。

（1）以"仁爱"为核心的伦理思想

家庭伦理。首要的是孝悌与仁爱。以孔子、孟子为代表的儒家学派，对"孝"最为崇尚。"首孝悌"，"孝"是对父母祖先的敬爱，"悌"是对兄长的顺从。所谓"君子务本，本立而道生。孝弟也者，其为仁之本欤！"到西汉时，独尊儒学。"孝"也被扩大到社会生活的各个方面，并形成系统的孝道。"老吾老以及人之老；幼吾幼，以及人之幼。"（《孟子·离娄上》）"一家之亲，此三而已矣。自兹以往，至于九族，皆本于三亲焉，故于人伦为重者也，不可不笃。"（颜之推《颜氏家训·兄弟》）。可以说，孝道与仁爱在封建社会得到了最充分的发展，成为系统的伦理规范。

教育伦理。传统文化中的家书、家训等传承了诸多教育伦理。"幼年知识未开，天真纯固，所读者，虽久不温习，偶然提起，尚可数行成诵"。（张英《聪训斋语》）儿童的求知欲特别旺盛，记忆力、模仿力也最强，而且其精力也最容易集中，生活经历单纯，心无纷扰。因此，少年时期进行知识教育能收到事半功倍的效果。关于教子劝学的格言、传说故事、家书家训更是不可胜数，如"昔孟母，择邻处，子不学，断机杼"；"头悬梁，锥刺股，彼不教，自勤苦"等，口口相传，妇孺皆知。

处事伦理。首先，表现在择友方面。颜之推说："与善人居，如入芝兰之室，久而自芳也；与恶人居，如入鲍鱼之肆（店），久而自臭也。"（《颜氏家训·慕贤》）因此，君子必慎交友。其次，是淡泊名利。颜之推在《颜氏家训》中说："不可窃人之美，以为己力（不可贪图虚名）。"反对沽名钓誉，追逐虚名。崇尚节俭，也是中国传统伦理之一。"俭，德之共也；侈，恶之大也……侈则多欲，君子多欲，则贪慕富贵，枉道，速祸；小人多欲，则多求，妄用，丧身，败家。"（司马光《训俭示康》）

中国传统伦理思想具有很强的教化功能。《大学》中说："心正而后身修，身修而后齐家，家齐而后国治，国治而后天下太平。"意思是说，身修才能家齐，家齐而后国治，国治而天下太平。在今天看来，这种家国一体的伦理思想，在维护社会稳定，建设和谐社会中仍有积极意义。[①]

（2）以"诚信"为核心的道德思想

"道德"是在道论的基础上形成的重要哲学范畴。所谓"道"，本意

---

① 翟慕东：《中国传统的伦理和道德》，载于《益生文化》，大学网，2011年4月12日。

是路。《说文》："道，路也，一达谓之道。"老子认为，道是天地万物的本原，是社会价值和秩序的提供者。"人法地，地法天，天法道，道法自然。"（《道德经·道经第二十五章》），一切事物的运动变化规律都必须遵守道的"规律"来。作为最崇高和最核心的概念，道体现着中国人的世界观和人生观，体现着中国人对于从宇宙到政治、社会和生命秩序的根本理解。①

德的本义为"德行修养"，如《老子·三十八章》谓："上德不德，是以有德；下德不失德，是以无德。"道家基于清静无为的思想，以天真淳朴的禀性为德，以淡泊谦下的修养为德，例如《庄子·天地》说："德人者，居无思，行无虑，不藏是非美恶。"

中华民族传统文化以道德精神为其主要特质，道德占有核心地位，在封建社会背景下，它强调的是个人的道德修养与为人。

——学会尊重人。首先，孝敬父母。"居则致其敬，养则致其乐，病则致其忧，哀则致其丧，祭则致其严。"（《孝经》）对于如何侍奉父母，孝经上都有细致的描述。其次，善待他人。"积善之家，必有余庆。"在处理人我关系时要严格要求自己，谦让待人。

——学会学习。学习不仅能够使人增长知识，而且可以使人明白事理，提高人的道德修养和改变人的精神气质。但学习必须从点滴学起，由渐次积累而成，必须经历一个由量到质、由感性到理性的艰难过程。譬如《中庸》提出的"博学之，审问之，慎思之，明辨之，笃行之"五步骤学习方法，就是一套完整的内省式学习法。

——学会生活。"一粥一饭，当思来之不易，半丝半缕，恒念物力维艰。"（《治家格言》）重视节俭惜物是传统道德思想的一个重要内容，旨在培养年轻一代居安思危，自立社会的能力。同时，古人还重视道德教化，以期通过"先王显德以示民，民乐而歌之以为诗，说而化之以为

---

① 王博：《"道"的文化精神》，载于《人民论坛》10月上，总第418期。

俗。"达到"不令而自行，不禁而自止"的效果。

——学会交友。孔子说："与朋友交，言而有信。"朋友之间交往应相互信任、相互忠诚、心志相一。即便是生意上的朋友往来，也要"利以义制"，讲究"君子于利，取之有道"的职业道德。诚实守信，是交友的第一原则。

在传统的行为道德中，最为重要的要数积德修善了。"善不积，不足以成名；恶不积，不足以灭身。小人以小善为无益而弗为也，以小恶为无伤而弗去也，故恶积而不可掩，罪大而不可解。"（《易·系辞下》）意思是说，要成就功名得多做好事，慢慢累积功德；遭灭身之祸是由于罪行积累的结果。善小而弗为，恶小而为之，量的积累必将导致质的变化，以至于罪大恶极"不可解"的悲惨下场。这告诉世人，劫凶去祸并不神秘，往往取决于人们自身行为的善恶；趋吉避凶的过程也是积善远恶的过程。其实，积善之举无处不在，无时不在。修路补桥是善举，讲究礼仪是善举，它体现在人们日常生活琐事之中。这种以善恶作为行为的道德价值标准不仅影响人们的日常行为，也影响着我们民族的思维方式和价值取向。[1]

2. 传统伦理与道德的生命教育价值分析

（1）"天人合一"：生命教育的认识论基础

在中国古代哲学思想中，天人关系中的"天"与"人"都不是实体的存在。"天"是泛指自然，包括自然界、人类社会和历史等人所生存着的整个世界和运动、变化的基本形态、原则和规律，即"客观世界"。"人"是指人的本性，即主观世界。"天人合一"即外物与自我的和谐统一。在"天人合一"理念中，中国古代伦理学家们思考的不是自然规律问题，而是人与人，人与社会的关系，即如何维持社会和谐统一问题，进

---

① 翟慕东：《中国传统的伦理和道德》，载于《益生文化》，大学网，2011年4月12日。

而，从中寻找人生的终极意义。① 现代哲学家牟宗三先生认为，中国的哲学是以"生命"为中心，由此展开他们的教训、智慧、学问与修行，表达对生命的珍爱和崇敬。"天人合一"这种以人为主的人本主义世界观是在对人的自身存在深刻认识的基础上形成的。它的视角是中国传统生命伦理精神的认识论基础，也是生命教育的认识论基础。

（2）人的生命的终极关怀：生命教育的目标追求

所谓人的生命的终极关怀，"是指文化价值观中相对稳定的具有普遍意义的最根本的价值追求和价值取向。""无非是人们对人的存在状态和理想价值究竟怎样的追求和探询。"② 注重人的生命的终极关怀，是中国传统文化的特质，也是生命伦理精神的核心价值。

中国传统文化以人为终极关怀的价值观主要体现在以下几个方面：首先，人与万物相比，以人的生命为贵。《孝经·圣治》转引孔子的话说："天地之性，人为贵。"与天地之间各种生命相比，人是最有价值的。《尚书·泰誓》曰："惟天地万物父母，惟人万物之灵。"人是万物的主宰，人具有终极的价值和意义。其次，人与天地万物相比，人因有道德理义而贵。荀子曰"水火有气而无生，草木有生而无知，禽兽有知而无义。人有气、有生、有知，亦且有义，故最为天下贵也。"（《荀子·王制》）人的价值在于人有比万物突出的优势，人不仅有气有生有知，而且有义。再次，在国家和社会生活中，民为邦本而贵。中国传统文化的以人为本就是指人是国家和社会生活的根本、基础与终极价值。"民为邦本，本固邦宁。"（《尚书·五子之歌》）这里的邦，是国家的意思，也可以引申为社会。人是社会生活的根本，人也就是终极关怀的对象和目标。③正是从这一传统的生命伦理出发，我们不主张将中小学生命教育矮化为一般的安

---

① 赵洛维：《从东西方伦理学看生命教育的意义》，载于《上海青年干部管理学院电子学报》，青少年发展与教育，2009年第4期。

②③ 谭培文：《中国传统文化以人为终极关怀的当代价值研究》，载于《伦理学研究》，2007年第1期。

全教育，而应该定义为对人的生命终极目标的探讨与追寻。

（3）修身养性：生命教育的基本主题

我国传统伦理与道德文化博大精深，为我们的生命教育提供了丰富的教学资源，如能系统整理，深入学习，既能增长有关生命问题的知识，更能提高对生命问题的理解能力、分析能力和实践能力。

其一，传统文化经典尤其是思想类经典，具有丰富博大的生命意蕴，可以丰富人的生命世界。如儒家以《四书五经》为代表，讲究正心、诚意、格物、致知、修身、齐家、治国、平天下，从成己而成人，着重建构人的社会性生命。道家以《道德经》《庄子》为代表，以道成仙，自然无为为旨归；侧重生命的超越性精神生命。尽管他们各有侧重，但讨论的都是"有心灵生命的存在。"

其二，传统文化经典中蕴含丰富的生命智慧，有利于提升人格，涵养心灵。如道家的重生养生、少私寡欲；儒家的自强不息、厚德载物；佛家的智悲双运、自利利他等思想，对于引导青少年确立生命价值观念、保持良好的心境、处理人际关系，提升生命智慧与修养，无不裨益。[①]

 **资源示例**

国学经典中有关"生命教育"的语录：

1．"身体发肤，受之父母，不敢毁伤，孝之始也。"（《孝经》）

2．"朝闻道，夕死可矣。"（《论语·里仁》）

3．"生，人之始也；死，人之终也。始终俱善，人道毕矣。"（《荀子·礼论》）

4．"生，我所欲也；义，亦我所欲也。二者不可得兼，舍生而取义也"。（《孟子·告子上》）

---

① 张慧远：《文化涵养生命，经典浸润人生》，载于《人力资源管理》，2010年第3期。

5．"天行健，君子以自强不息；地势坤，君子以厚德载物"。（《周易》）

6．老子曰："人法地，地法天，天法道，道法自然。"（《道德经·道经第二十五章》）

教学建议

传统伦理道德是我国文化遗产中最为重要的精神财富，在塑造中华民族的精神品质和人格意志方面发挥了积极作用。生命教育的本质是培养人格完善、心智健全的人。因此，积极发掘，适当利用中国传统生命伦理道德资源开展中小学生命教育，将收到润物细无声的效果。

1．了解中国传统文化中生命伦理和生命道德的基本内容。

2．结合中国传统生命伦理道德精神谈谈你对生命、生死，及其生命价值的认识。

3．根据个人的教学实践，谈谈你是怎样利用传统生命伦理道德资源进行生命教育的？比如，在言论、典故、历史事件和人物故事等的化用上是否会有不同教育理念和方式方法。

第二节　现代生命伦理学

1. 生命伦理学

生命伦理学（Bioethics）是一门新兴学科，也译为"生物伦理学"。生命伦理学主要研究生命科学、生物技术，以及医疗保健提出的伦理道德问题，并加以规范，使人们有所遵循。它涉及生物医学和行为研究中的道德问题，环境与人口中的道德问题，动物实验和植物保护中的道德问题，以及人类生殖、生育控制、遗传、优生、死亡、安乐死、器官移植等方面的道德问题。

生命伦理学最早发轫于20世纪50年代的美国，由威斯康星大学生物学家波特（Van Rensselaer Potter）在他的著作《生命伦理学：通往未来的桥梁》中首次提出。他认为，生命伦理学就是用生命科学来改善生命的质量，是"争取生存的科学"。1995年《生命伦理学百科全书》中对生命伦理学作了这样定义："生命伦理学是运用包括道德意见、决定、行为、政策等各种伦理学的方法论，在跨学科的条件下，对生命科学和医疗的道德问题进行系统性研究。"

生命伦理学发展迅速，并很快受到学术界、立法界和决策界的关注。一些国家还建立了生命伦理学委员会。2008年8月，我国卫生部成立了"医学伦理学专家委员会"，开展重要医学伦理问题的理论与决策研究。自1987年邱仁宗先生出版《生命伦理学》之后，我国关于生命伦理的研究开始活跃起来。2008年，韩山师范学院王文科教授出版《走进生命伦理》。他认为，人的生老病死是人的生命始点与终点的四大环节，因而，生殖伦理与生命健康伦理、死亡伦理三部分，构成了现代生命伦理学的基本框架。具体而言，人的生殖伦理主要受到科学的挑战，如试管婴儿、克隆等控制人的出生、性别等技术对人的尊严的挑战；人的健康伦理包括疾病与健康的关系；人的死亡伦理所受到的挑战，主要是器官移植、人工复苏抢救术、安乐死等对人的生命价值的挑战。

我认为，生命教育本是人生的必修课，而生命伦理学所展示的，正是在介绍现代生命科学技术发展与进步状态的同时，从中播撒生命伦理知识的种子，从而增强人们对生命的反思能力和在深沉的思考中维护人的生命尊严。[1]

---

① 王文科：《走进生命伦理》，北京，人民出版社，2008年。

2. 生命伦理学产生的背景

生命伦理学的产生与第二次世界大战末期及随后出现的一系列人类生命问题密切相关。

1945年广岛原子弹爆炸。制造原子弹本来是许多科学家向美国政府提出的建议，其中包括爱因斯坦、奥本海默等人。他们的本意是想早日结束世界大战，以免旷日持久的战争给全世界人民带来无穷灾难。但是他们没有预料到原子弹的爆炸会造成那么大的杀伤力，而且引起的基因突变会世世代代遗传下去。数十万人死亡，许多受害人的家庭携带着突变基因挣扎着活下去，使许多当年建议制造原子弹的科学家改变了态度，投入了反战和平运动。

1945年在德国纽伦堡对纳粹战犯进行审判。接受审判的战犯中有一部分是科学家和医生。他们在集中营里利用受害者进行惨无人道的人体实验，例如，在冬天将受害者剥光衣服进行露天冷冻，观察人体内因冷冻引起的变化。更令人气愤的是日本731部队所进行的细菌战人体实验，由于美国政府的包庇，使得军国主义罪犯免于战犯起诉，严重影响了东京审判的公正性和权威性。

1962年，美国作家蕾切尔·卡森（Rachel Carson）的《寂静的春天》问世，向人类敲响了环境恶化的警钟。春天里，为什么人们看不到飞鸟在苍天游弋，鱼儿在江川腾越？她预言农药将严重危害人类环境！因为人们只考虑到有机氯农药急性毒性较低的优点，但忽略了它们的长期蓄积效应。一些物种濒于灭绝，食物链发生中断，生态发生破坏，人类受到疾病的威胁势所必然。蕾切尔·卡森的思想是人类环境意识启蒙的一盏明灯！

1955年，《罗素——爱因斯坦宣言》呼吁人类要"学会用新的方式来思考"，反对使用核武器。爱因斯坦在美国加州理工学院发表演说时谆谆教诲科学青年，"如果你们想使你们的一些工作有益于人类，那么，你们只懂得应用科学本身是不够的。关心人的本身，应当始终成为一切技术奋斗的主要目标。关心怎样组织人的劳动和产品分配这样一些尚未解决的重大问题，用以保证需要我们科学思想的成果会造福于人类，而不致成为祸害。在你们埋头于图表和方程时，千万不要忘记用科学造福于人类，而不致成为祸害！"

以上这些历史性的大事件警示人们，对于科学技术成果的应用以及科学研究行动本身需要有所规范。这推动了科学技术伦理学的产生和发展。

与此同时，人们在现实生活中也遭遇到一系列生命伦理道德问题的困扰。

——生物医学技术的进步使人们不但能更有效地诊断、治疗和预防疾病，而且有可能操纵基因、精子或卵子、受精卵、胚胎、人脑以至人的行为。这种增大了的力量可以被正确使用，也可以被滥用，对此如何进行有效的控制？而且这种力量的影响可能涉及几代人，例如对生殖细胞的基因干预，也可能涉及下一代和未来世代。当这一代人的利益与子孙后代的利益发生冲突时怎么办？比如近年来热炒的明星"冻卵生子"问题，目前人们最担心的可能还是对基因的操纵和对脑的操纵。这些操纵可能会导致对人的控制，以及对人的尊严和价值的侵犯。例如是否允许人们通过改变基因来选择自己喜欢的性状，甚至为后代选择自己喜欢的性状？是否允许人们通过在脑内插入芯片来增强记忆和加速处理信息的能力？等等。

——由于先进技术的发展和应用，人类干预了人的生老病死的自然安排，甚至有可能用人工安排代替自然安排，这将引起积极和消极的双重后果，导致价值的冲突和对人类命运的担心。比如，现代的生殖技术一方面可用于避孕，另一方面也可以解决不育问题，那么，已经离异的单亲家庭、不想结婚的同居者、同性恋者以及过了生育期的男女是否可以利用辅助生殖技术？一个社会中，如果大多数成员都是用辅助生殖技术产生，那会出现怎样的情境？等等。

——全世界蔓延的艾滋病向一些传统观念和现存的医疗卫生制度提出了严峻挑战。艾滋病在不少国家已经成为民族灾难，许多原来发病率较低的国家也很快进入快速增长期。全世界感染艾滋病的人数现在已经达4000万人，而妇女、儿童在艾滋病面前更为脆弱。在预防和治疗艾滋病的层面以及有关防治艾滋病政策层面，都存在一系列的伦理问题。比如，国家是否有义务向艾滋病患者提供治疗？个人是否有义务改变自己的不安全行为？非感染者和社会是否有义务援助而不歧视艾滋病患者和艾滋病感染者？等等。鉴于近年来青年学生艾滋病疫情上升明显的问题，我国将建立学校艾滋病疫情定期通报制度。这也可以视为我国政府破解生命伦理难题的一大举措。

——医疗费用的大幅攀升导致卫生制度的改革。由于技术含量的提高以及市场化消极面的影响，促使医疗费用在全世界大幅攀升，严重冲击许多国家的公费医疗制度。虽然各国都在改革卫生医疗制度，尽可能寻找让公民既负担得起又相对有效的医疗制度，但这些改革总会触及许多伦理问题，例如在改革过程中政府的卫生政策如何能够做到公正、公平？如何不致影响传统的互相信任的医患关系？等等。我国紧张的医患关系，从一个侧面反映了生命伦理关系的混乱与退步。

对这些现实生命问题的揭露和思考，势必推动生命伦理学的发展。

3. 生命伦理学的基本原则

生命伦理学的研究始于20世纪70年代。第一个伦理委员会在美国纽约成立。生命伦理学主要研究生物医学中的道德问题。医学技术的进步使人类越发有能力干预人的生老病死，这将引起积极和消极的双重后果。一方面，人们能更有效地诊断、治疗和预防疾病；另一方面，在各国的医疗和研究工作中，违反生命伦理的事件总是存在，技术的进步也带来了对人的尊严和价值的挑战。

面对人类生命问题，美国学者汤姆·L.碧强普（Tom L. Beauchamp）和詹姆斯·F.乔德瑞斯（James F. Childress）提出了生命伦理学四大基本原则：

行善原则。有益或有利原则，台湾学者译为"仁爱原则"。行善主要指生命科技要为人类造福，增进人类健康，延长人类的寿命，有利于人。具体而言，行善是直接或间接地对生命或病人施以有利的德行，如认真治疗、细心护理、必要的援助等，以帮助他人避免、减少伤害或风险。

自主原则。自主原则强调患者和受试者的主体地位和权利，使之具有自主的知情权或选择权，反对欺骗、强迫或利诱。对于大多数智力正常的成年人，自主权由他们行使；对于缺乏自主能力的人（如儿童、痴呆症患者等），其自主权由监护人协助执行。自主原则维护生命体的人格和尊严。

不伤害原则。主要指任何治疗和试验都要避免对患者和受试者造成伤害。一旦造成伤害就要停止；当科学研究与受试者的利益发生冲突时，应以受试者的利益为重。不伤害原则涉及"风险评估"，要努力防止和避免风险，特别是大的风险。在无法避免的情况下，则"两权相重取其轻"。

公正原则。要遵从人类社会的正义、公平的信念，包括资源分配、利益分享和风险承担这样三个层面，都可努力实现公平公正，而不能只向少数人或利益集团倾斜。公正又分为"形式公正"和"实质公正"。形式公正就是对同等者给以同等对待，对不同等者给以不同等对待。如果对于同等给以不同等的对待，或者，对于不同等者给以同等对待，均为不公正。实质公正则要考虑对象的需要、贡献、成就等因素。公正原则往往还强调对弱者和弱势群体的保护。

4. 生命伦理学对生命教育的启示

从本质上来讲，生命伦理学是一门以发展人的生命为宗旨的学科。它在维护生命权利方面，具有突出贡献。其一，生命伦理学认为人的生命高于一切，赋予生命崇高地位；其二，生命伦理学倡导生而平等，捍卫生命的尊严，弘扬生命的正义；其三，生命伦理学认为生命珍贵而脆弱，主张构建关爱生命的道德规范和法律秩序，护卫生命权利。生命教育的核心是唤醒青少年的生命意识，培养其生命实践能力，提升生命价值。这一点与生命伦理学密切相关，存在着很大程度的一致性。

深入研究，我们还发现生命伦理学对生命教育颇具启发性，突出表现在以下几个方面。

第一，生命伦理学关于"生命属性"的讨论，启发了我们对人的多重生命属性的认识。生命伦理学认为人的生命具有生物标准、社会标准和复合标准等三重属性。生物标准反映人的生物学意义上的存在；社会标准反映人的社会存在；复合标准着重解决上述两个标准的割裂问题。它主张关注生命的全过程，即从胎儿到脑死亡；关注生命的完整性，即自然生命、社会生命、精神生命；关注生命的完全性，即人的生命、非人类形态的生命。

生命伦理学认为，人的生命是自觉和理性的存在，是生物属性和社会属性的结合体，这一界定将人的生命与其他生命区别开来，突出了人的生命所特有的自觉意识和理性活动；同时又将人的生物学生命与人的人格生命相区别。

第二，生命伦理学关于"道德"的研究，为生命教育提供道德参考。生命伦理学作为一门道德学科，开展了大量道德伦理研究，诸如人道论、美德论、义务论、生命论、公益论等，这些道德伦理为生命教育提供了基本的理论支撑。集中表现在两点上。其一，对生命主体及其内涵的提升，包括提高生命的质量、提高生命的创造力、提高生命的智慧，等等；其二，对生命主体发展行为的规约，包括尊重生命、珍爱生命、护卫生命、规划生命、发展生命，等等。生命教育既主张生命在自由状态下主体能力的提升，更主张生命在相互约束中和谐发展。

第三，生命伦理学关于"价值本质"问题的讨论，为生命教育提供了价值参考。生命伦理学中对生命价值的论述主要体现在三个方面：一是生命价值的内涵，包括内在价值与外在价值。内在价值是指生命所具有的潜在创造能力或劳动能力，外在价值是指把内在价值发挥出来，为社会创造物质财富和精神财富。二是生命价值的评价标准。判断生命价值大小主要有两个因素，生命本身的质量（体力与智力）决定生命的内在价值，是生命价值判断的前提与基础；个体生命对社会、对他人的贡献，决定其外在价值，是生命价值的目的和归宿。三是生命质量与生命价值的逻辑关系。

生命伦理学中的生命价值理论对生命教育具有重要启示作用。其一，生命教育要着眼于提高生命的质量，在相同的条件下，高质量的生命创造的价值就越大；其二，生命教育要积极规约生命的需要，和谐生命的发展。个体生命的成长总是在一定需要满足下的自我发展，个体需要的满足就是生命自我价值的实现过程。在物质财富高度发达的现代社会，个体生命的需要往往表现为"超越"与"膨胀"，抑或以侵犯他人利益而获得自我价值的满足；抑或以侵犯集体利益而获得自我价值的满足。无论哪种情况，都会扭曲生命的价值，给生命的和谐发展带来诸多的负面影响，甚至毁灭生命。其三，生命教育要寻求生命价值与生命质量的统一。价值创造是以提升人的生命质量为目的的，而不是以加大人的生活压力、降低生命质量为代价的。尤其在现代社会节奏紧张的情况下，生命教育要引导人们回归生命的自由状态，和谐发展。

第四，生命伦理学关于实施原则的研究，给生命教育的实施以具体指导。生命伦理学所秉持的尊重、不伤害和公正等原则，对生命教育具有重要的指导意义。在生命教育中贯彻尊重性原则，就是要通过教育使受教育者认识到人与人之间要彼此尊重生命的自主性，不妨碍他人的生命健康与生命权利；尊重他人的生命行为、保守他人的生命信息与隐私。在生命教育中贯彻不伤害原则，就是要通过教育使得受教育者减少对他人生命的肉体伤害和精神伤害。在生命教育中贯彻公正原则，就是通过教育使受教育者，充分认识到生命公平的重要性，并在日常生活中能够实现不同生命个体之间的权利与义务平等、价值平等、发展机会平等。

生命伦理学作为生命教育的理论基础之一，对于生命教育的教学实践具有重要的指导意义。[1]

---

[1] 周家荣：《"三生教育"的生命伦理本质》，载于《湖北社会科学》，2010年第6期。

 **资源示例**

2003年1月20日半夜，张静突然在一阵剧烈的疼痛中醒来，感觉脸上像被火灼烧一样难受。随后，她被送往医院抢救。三天后，她脱离了危险，但面部被浓硫酸大面积烧伤，容颜严重被毁。同时被硫酸烧伤的还有她的好朋友王晶石。

那么究竟是谁对她们下此毒手呢？公安机关很快将目标锁定在一个叫马娟的同学身上。19岁的马娟是王晶石的同班同学，但张静并不熟悉这个不同班的同学，她更不知道马娟为什么要拿硫酸泼她。

据了解，张静的学习成绩在班里是中等，王晶石的排名比较靠前，而马娟的成绩只是中下。也正是这样的成绩使马娟心理上难以承受，她总觉得同学瞧不起她，内心常常感到十分孤独。马娟发誓一定要不惜一切代价提高学习成绩，尤其是超过同班同学王晶石。

1月20日中午，她花6元钱买了一瓶浓硫酸带回学校。晚上睡觉到半夜时，一直没有睡着的马娟拿着一杯浓硫酸悄悄来到了王晶石的宿舍……

但令人不解的是，明明是为了拖延王晶石的学习，马娟最后怎么会把硫酸泼到了张静的脸上呢？马娟说她没有弄错人，她当时想泼的人就是张静。原来，进入高三以后，马娟暗暗地喜欢上了班上一个男生。而张静由于跟王晶石十分要好，便经常去她们班里走动。漂亮活泼的张静免不了会引起班里男生的注意，当然也包括马娟所喜欢的那个男生。渐渐地，马娟觉得张静是在故意勾引那名男生。于是，马娟想到了这个一箭双雕的办法。马娟认为，王晶石和张静关系很好，如果张静住院，那她肯定会去医院探望，这样会影响王晶石的学习成绩。2003年年底，马娟被法院一审判处死刑。

央视国际2004年7月5日《今日说法》专题节目

《流泪的花蕊》

教学建议

嫉妒在中学生中较为常见。嫉妒是指人们为竞争一定的权益，对相应的幸运者或潜在的幸运者怀有的一种冷漠、贬低、排斥甚至是敌视的心理状态。嫉妒心理有一个发展形成的过程。前期表现为由攀比到失望的压力感，中期则表现为由羞愧到屈辱的心理挫折感，后期则表现由不服不满到怨恨憎恨的发泄行为。了解了嫉妒心理的这些特征，对于我们约束自己的嫉妒情绪，具有重要意义。

1.对上述案例进行归因分析：a.虚荣心过强，b.自尊心作祟，c.心胸太狭隘，d.沉溺于幻想。你认为马娟的作案动机属于哪种类型？试着具体分析。

2.运用生命伦理理论，结合个人生活实际，谈谈你对克服嫉妒心理的认识与体会。

3.消极的嫉妒心理能转化为积极的竞争意识吗？试谈谈你化腐朽为神奇的创意。

第三节　现代网络技术挑战伦理道德

现代网络为人类活动提供了广阔的时空，网络技术以其巨大的力量影响和变革着现代社会。现代网络技术在造福于人类的同时也对人类传统伦理道德带来了许多冲突，电子病毒、黑客泄密、虚拟诈骗、黄毒传播、隐私曝光等网络伦理道德问题防不胜防，接踵而至……给众多的网络公民尤其是青少年造成了种种危害，因此加强网络伦理建构，增强网络文明意识，培养网络主体的人文精神，净化网络环境，创建和谐的网络空间势在必行。

1. 现代网络技术的发展对伦理道德的冲击

进入因特网时代后，我们有一种被"一网打尽"的感觉。人们在享受现代网络技术给生活带来便利的同时，也感受到了网络文化对传统伦理与道德所带来的冲击。这些冲击主要体现在两个方面：道德观念紊乱和道德行为失范。[①]

（1）道德观念紊乱

道德观念的紊乱主要表现为道德相对主义、无政府主义和个人主义的盛行与泛滥。网络里没有权威，意味着每一个人都是权威，网络里没有终极管理者，意味着个人权利至上，因此，在网络社会里，不少人们完全按照自己的意志自由行事，而不考虑遵守规则和承担责任。比如前些年发生的华南虎照事件中，社会公众由开始的质疑、辩论发展到一部分人攻击、漫骂、网络暴力，甚至攻击政府，其行为明显超出了舆论监督的范围，已由言论自由、舆论监督滑向网络无政府主义。这是典型的网络道德观念紊乱现象。

（2）道德行为失范

由网络技术的不规范使用引起的道德失范主要表现在：第一，侵犯隐私权和知识产权。隐私权即个人有保守隐私使其不受他人侵犯的权利，信息网络技术的应用使隐私权受到前所未有的挑战。一方面，对个人信息的收集变得极其容易而隐秘；另一方面，个人信息更容易被当成商品进行交换和买卖。如"人肉搜索"引擎的滥用，演变为人身攻击、侵犯别人隐私的网络暴力行为。第二，信息污染问题日益严重。有用无用的信息同时被生产，网络正成为一个无所不包的仓库。网络环境的不可控制性从信息质量上污染了道德环境．大量信息垃圾对人们的思想造成了严重的侵蚀；电脑技术带给人们的一些游戏，使辨别能力差的青少年沉溺其中，游戏中充

---

① 胡泳，范海燕：《网络为王》，海口，海南出版社，1997年7月。

斥着暴力以及色情的东西，无时不在亵渎人类文明。第三，网络欺诈和信用危机。网络欺诈是指利用虚假信息蒙骗对手或消费者以牟取商业利益的一种行为。信用危机则是欺诈行为所导致的后果。第四，利用网络犯罪。网络的隐蔽性使道德行为的自由度和灵活度显著增强，为人们放弃道德责任提供了可能，一些人因此把网络当成犯罪工具。电脑病毒的制造和传播给人类社会带来了极大的灾难，网络黑客的入侵引起人们对网络安全的高度重视，恐怖组织、邪教组织等也把网络当成新的犯罪工具。①

2. 网络技术对伦理道德形成挑战的原因分析

网络空间是一个全新的人类生活环境，使原有道德经验与价值观念受到挑战。

（1）网络空间的特殊性与现存道德环境的冲突

我们已经生活在一个充满互联网氛围的商业社会里，互联网正在改变我们的生活。互联网给我们带来了全新的生活体验，但互联网也给我们带来了很多负面的影响，比如人与人之间的交往，一下子变成了人与机器的交往。于是，人际关系会变得功利化、冷漠化、商品化，并逐渐丧失最起码的社会关切与道德良知，进而导致人际交往出现情感淡漠、不讲诚信、行为失衡等伦理道德问题。从网络空间里走出来的人们认为现实世界也是虚幻的、不真实的，因此对现实世界保持着一种警惕，与人交往时缺乏信任感，给道德的诚信原则以巨大的冲击。

在网络社会中，存在着大量的虚拟组织，如社交、消费、职业、娱乐、学术等，五花八门。据调查，有上网经历的青少年当中18.8%的人参加过各种类型的网络组织。网龄越长的人参加组织的可能性越大，随着网络覆盖面的扩大，这个比例会越来越高。网络组织既有健康的、利于青少年发展的类型，也有不健康的，甚至带有反动色彩不利于青少年成长的类

---

① 成红雨：《浅谈网络技术与伦理道德》，新浪BLOG，2012年6月6日。

型。不了解这些网络组织的特点，并加强对他们的监管，青少年网络生活的环境就难以优化。

（2）网络交往与人的特殊道德习性和伦理心理机制的冲突

网络空间交往为不道德的入网者进行种种不道德的行为开了绿灯，导致了网络道德意识弱化及道德行为的失衡。在网络空间里，与人交往时，没有心理负担，互不设防。人们可以根据自己的需要任意创造自己喜欢的角色，并在网上肆意张扬自我。这种肆无忌惮、为所欲为的放纵心理，很容易造成个人责任意识和道德观念的下降。另一方面，由于伦理道德对"网友"的约束性小，所以交往主体的平等心理得以强化，因而交往行为的道德性相对削弱，也使交往的关系具有了较大的易变性和复杂性。另外，人们反传统的道德说教逆反心理，也在一定程度上推高了网络对个性化教育的认可度，这是传统伦理道德教育要深刻反思的地方。[①]

3. 规范网络伦理道德的措施与途径

提升网络行为主体的文明水平，打造安全的数字化环境是规范网络伦理道德建设的根本。

（1）增强道德主体的自律意识和自律能力

网络世界既是一个资源共享体，又是一个不公开、不透明的封闭体，很难及时有效地监督。因此，增强道德主体的自律意识和自律能力就显得尤为重要。网民们应该明白什么做得，什么做不得。在网络社会中主动承担起相应的责任和义务，使网络真正"为我所用"。面对杂芜的信息，要经得起消极内容的诱惑与考验，从而提高自身的辨别能力和免疫力。使网络真正成为人们学习、交流、休闲、娱乐的文明空间。

（2）更新网络技术，净化网络环境，规范网络秩序

网络文明要建立互相尊重的道德理念，抑制相反行为衍生，树立优化

---

① 孙兰欣：《现代网络技术的伦理道德探析》，载于《经济与社会发展》，2007年第7期。

和安全的网络文明意识。一方面，不断更新网络硬件技术，充分利用"防火墙"等技术，增强技术辨污、排污、清污的能力，控制不良信息，如色情、暴力病毒等对社会发展有不良影响的精神垃圾。另一方面，大力倡导网络文明建设，培育一个全社会共同遵守的、健康的网络环境。要树立"规范网络秩序人人有责"的意识，自觉规范自己的行为，提高自身的网络文明水平；行业之间要相互配合，积极履行维护网络信用的责任，营造一个充满活力而又没有污染的文明网络环境。

资源示例

国庆期间，大连学生张洋在淘宝网上看见一则广告，"联想品牌机超低价仅售2000元"，而同样配置的电脑市场价是1.4万元。惊喜之余他立刻拨打了网站的电话。自称南京总部的刘健告诉他须预交1000元订金。张洋认为交订金很正常，便立即把钱汇了过去。

次日，送货的杨经理给张洋打来电话，要求他到指定银行交完另一半货款后，凭存单直接到长江路某地点拿货。张洋又到建设银行支付了另外1000元钱的货款。

付清货款后，张洋迫不及待地拨打杨经理的电话。但对方表示实在不好意思，公司总部发货时一共发了四台电脑，张洋必须同时预付其他三台电脑的费用才能拿货，因为公司不能为某个客户单独发货。

杨经理的说法引起了张洋和室友的怀疑，他们决定不再交款，而要弄清事情的原委。结果查出，刘健所用的电话属地为四川，而送货的杨经理的电话属地为福建泉州，公司总部在南京一说根本是个骗局。随后，张洋到大连市公安局网络警察支队报了案。

教学建议

网络购物已经成为眼下最流行的购物方式。面对成千上万的购物网站，我们不仅要具备网上购物的基本常识，更要树立起对网络道德的防火墙，要理性对待网购中的"互联网思维"。

1. 了解相关网购知识。

首先，我们要有一种防范意识，警惕网络道德失范行为。比如上述案例所反映的利用消费者贪便宜的心理，鼓动买家通过银行汇款方式付款，从而骗钱。只汇钱，不见货，这种买卖我们怎么能做呢？

其次，我们应该有一种规范意识。一是到正规的网购平台；二是不要被低价迷惑。一般来说网上售价比地面店低两三折是可信的，倘若价格太低，就要详细咨询；三是尽量选择货到付款，或者支付宝等第三方支付平台。要求银行转账的一律回绝。

2. 与朋友交流网购的经验与教训。

3. 在学生中，开展"网购及困惑"调查问卷。通过对在校学生的调查，进行分析综合，了解网上购物现状与困惑，帮助学生培育网购的道德伦理观念。

(1) 请选择您的性别：男　女

(2) 您所在的学段是：小学生　中学生　大学生

(3) 您是否有网上购物的经历：有　没有

(4) 您选择网上购物的理由是：

  A. 节省时间、节约费用　B. 寻找新奇商品　C. 出于好奇

  D. 受身边朋友影响　　　E. 其他

(5) 您在网上购物的频率：

  A. 平均每季度一次　　　B. 平均每月一次　C. 平均每礼拜一次

(6) 在网上购物时，您经常选择的产品是：

  A. 书籍及影音类　B. 服装饰品　C. 食品　D. 礼品　E. 其他

(7) 您经常选择下列哪些电子商务网站：

    A. 淘宝网　B. 京东商城　C. 拍拍　D. 当当

    E. 亚马逊　F. 其他

(8) 网购时，您如何选择卖家：

    A. 看商家信誉度等级　　B. 看店面　C. 看卖出的数量

    D. 看价格优惠程度　　　E. 看消费者的评价

(9) 您没有尝试过网上购物的原因是：

    A. 不知道如何网上购物　　B. 习惯传统购物

    C. 商品质量难以保证　　　D. 害怕网上支付不够安全

    E. 网上购物程序太麻烦

(10) 您觉得网上购物信誉怎样：

    A. 很好　B. 还可以　C. 不好

(11) 在您的网购经历中，是否有过被侵权的行为：

    A. 有　　B. 无

(12) 在您的网购经历中，对方的侵权主要发生在哪一个环节：

    A. 卖家或供货商　　　　B. 购物网站　C. 物流公司

    D. 银行或第三方支付机构　E. 其他

第四节　社会转型时期生存观念与伦理道德的冲突

目前，我国正处在社会转型的关键时期。改革开放，经济发展，人们的生存竞争加剧，新的社会矛盾凸显，集中反映在物质增长与精神变革的冲突。具体而言，表现为物质追求与道德发展之间的矛盾。行为道德与法律规范之间的矛盾。

1. 从"三鹿奶粉事件"看企业道德伦理失守

2008年，我国发生了一起严重的食品安全事件，即"三鹿奶粉事件"。据新华网报道，截至2008年9月21日，因使用婴幼儿奶粉而接受门诊治疗的婴幼儿累计39965人，正在住院的有12892人，死亡4人。事件起因是很多食用三鹿集团生产的奶粉的婴儿被发现患有肾结石，随后在其奶粉中被发现化工原料三聚氰胺。三聚氰胺（英文名Melamine），是一种三嗪类含氮杂环有机化合物，重要的氮杂环有机化工原料。在食品中添加三聚氰胺可以冒充蛋白质，使用过后会导致肾结石，使肾功能衰退，危及生命。

为占领国内广大的低端市场，知名品牌三鹿推出18元人民币（约3美金）一袋的婴幼儿配方奶粉，价格不到进口奶粉的一半。"三鹿奶粉"为降低成本偷工减料，疏于管理，不仅引起社会对乳制品安全的担忧，更引发了各界对企业道德伦理的反思。诚信是企业道德伦理的一项重要内容，企业在经营过程中必须对其利益相关者讲诚信，重伦理，切实保护他们的利益，履行社会责任。正如斯蒂芬·罗宾斯所言："企业社会责任是指超过法律和经济需要的、企业为谋求有利于社会的长远目标所承担的责任，而不是法律和经济所要求的义务。"很显然，这种企业的社会责任应该是遵守法律，生产合格、安全而非假冒伪劣的产品，这是一种道德标准。

2. 从大学生杀人案件频发看学校教育道德伦理缺失

十年来，我国大学生杀人案频频发生。2004年云南大学马加爵因平日积怨，杀害四名同学；2004年广东中山大学蓝庆庞因生活纠纷，伤害女友致其死亡；2005年北京大学医学部学生安然因争夺女友，将同学崔培昭杀害；2007年云南大学张超为谋财，伙同他人打劫并杀害昔日朋友；2009吉林农业大学郭力维因记恨室友，用尖刀将其刺死；2010年西安音乐学院药家鑫驾车撞人，并将伤者连刺八刀致其死亡；2010年北京人文大学窦硕等

4名学生，因进餐纠纷而杀死店员及女友；2010年四川大学曾世杰因遭人歧视，而杀害1名同校女生，刺伤2名男生；2011年留日学生汪某在上海浦东国际机场到达大厅因母亲汇款不如意，向前来接机的母亲连刺9刀，使其生命垂危；2013年复旦大学上海医学院研究生林森浩因平日积怨，投毒饮用水，致室友黄洋中毒死亡……

在这一桩桩血案面前，人们不禁要问，现在的大学生到底是怎么了？很显然，他们并非不思进取，游手好闲之徒，也不是胸无点墨，头脑简单之辈。事实证明，他们曾经都是同龄人中的佼佼者，大都有着光鲜的历史。想当年，他们是何等意气风发，令人望其项背？问题出在哪儿呢？反省教育自然是首当其冲的事情。

在社会转型时期，人们受市场经济观念的影响，对"人才"和"成功"的理解变得功利而现实，这在一定程度上影响到教育的定位。从小学开始，我们就强调书本知识的传授，而忽视对学生的人文关怀教育，忽视对于学生的人格培养。为了追求"考高分"和"上重点"，文化课教育被强调到了无以复加的地步，关乎做人的道德伦理教育则是全线退守。中国国际教育交流协会会长、原教育部副部长章新胜在博鳌论坛上的讲话佐证了这一点。他说，当前教育很大弊端正是伦理和道德的缺失。从学生群体来看，现在的青少年基本上都是独生子女，这些人从小娇生惯养，大都形成了以自我为中心的偏激性格，以为学业就是一切，根本没有道德伦理的概念。当他们被一些不正确的价值观所左右时，就会导致其在事物分辨上的消极，容易走极端甚至酿成人生的悲剧。悉尼大学校长迈克尔·斯宾塞（Michael Spence）讲过这样一段耐人寻味的话：现在的学生是未来城市的市民，是国家的公民，学校要让这些学生能够有思维的能力，比方说批判性思维的能力，要让学生们了解这个社会需要什么，他们要达到怎样的道德和伦理标准，让学生能够意识到这些问题对他们一生来说都非常重要。我们需要把一种高的道德标准文化融入学校生活的每一个方面，嵌入到日常行为方式中。国内专家也呼吁："救救孩子吧！"学校要重视学生的人文教育，特别是对生命的敬畏和尊重方面的教育。要注重学生道德品质的培养，教育孩子做事负责，宽以待人；学会多角度看人看事；主动与人交往，摒弃以自我为中心的理念；建立适宜的自尊水平；学会理性处理人际冲突和建立合理的能量释放渠道。

3. 从归真堂活熊取胆看社会伦理道德的尴尬

2012年春天，由归真堂上市引发的"活熊取胆"事件在国内掀起舆论风波，引发了公众对濒危动植物入药的争议。这一事件也在一定程度暴露出我国社会转型时期的伦理道德问题，不仅包括人们伦理道德观念的转变，还涵盖了这一时期伦理道德与经济、法律之间的矛盾冲突。

"归真堂"的全称是福建归真堂生物发展有限公司。这是一家以黑熊饲养、繁殖、科研为主体的林业产业化龙头企业，位于泉州市惠安县，为中国南方最大的黑熊养殖基地。目前，该企业主要利用人工繁殖的第二、三代黑熊获取熊胆原料，采用引流熊胆汁技术（即造瘘手术），替代剖腹取胆的方式。"人工养殖活熊造瘘、引流取胆汁"是一种合法行为得到林业部门以及其他相关部门的批准。

熊胆作为一味名贵中药材，已经有上千年的使用历史，在临床上具有不可替代的作用。到目前为止，相关部门还没有研制出完全替代熊胆汁的药物。活熊取胆技术最初是从朝鲜传入中国的。网上流传的"活熊取胆"照片来源于多年前在东北偏远山村一带村民落后的养殖取胆方式。直到国家重整养熊产业并规定无管引流为法定取胆方式。也就是说，"活熊取胆"这种不尽合理但却合法的生产方式已经存在许多年，争论也一直没有停止过，只不过这次因为归真堂的上市才得以集中爆发。

归真堂作为一家生产企业，在整个熊胆制药产业链条中不过是一个很小的角色，背后有比它更值得社会去谴责的利益链。然而就因为它有一个养殖基地，活色活香的案例和生动的照片总是比经济关系更能打动人心。在"归真堂活取熊胆"事件被各大媒体争相报道、诸多民众也给予高度关注的现象中，我们感受到了转型时期社会道德伦理的尴尬：一方面，是社会对名贵中药材的需求，因而要做大"活熊取胆"产业，并上市融资追求经济效益最大化；一方面是强调保护珍稀野生动物，建设人与自然协调发展的和谐社会。人们纠结于伦理道德与经济、法律之间。

值得庆幸的是，从强大的社会舆论中我们感受到了国民对于动物福利的关注，感受到了国民对于国家尽快完善动物保护相关法律法规的关注，这是社会的进步。2012年3月22日上午，饱受争议的归真堂终于开放其养熊基地、引胆过程，全国60多家媒体、百余名记者齐聚福建省惠安县，参加该公司的首个养殖基地开放日活动，实地见证"活熊取胆"的全过程。虽然归真堂一再声称黑熊养殖、引胆既"科学"又"人道"，但开放熊场仍难掩公众质疑。

资源示例

2012年11月2日中午，扬州大学附属中学高一（2）班徐砺寒同学骑车去上学，途经瘦西湖新天地路段时，不小心刮坏了路旁停着的一辆宝马车的后视镜。他立即下车查看。他想：我撞坏了别人的东西，就必须要承担责任。于是，停好自行车，原地等候车主。半个小时过去了，车主也没有回来。徐砺寒同学怕误了下午的课，便给车主留下联系的字条。他的字条是这样写的："尊敬的苏×××车主，我是扬大附中的一名学生。在今天中午的放学途中不小心弄坏了您的车。主要是一划痕及左后视镜，我无法及时赔偿。我的联系方式：××××。对不起！"后来，宝马车主非但没有索赔，而且对徐砺寒的行为给予了很高评价。他认为，我们的下一代若都如此，社会有希望！如果我们都像徐砺寒同学这样主动承担应尽的社会责任，自觉履行相应的角色义务，整个社会就会因为我们的存在而充满生机和活力！

 **教学建议**

扬州大学附属中学高一（2）班的徐砺寒同学是我们这个时代优秀青少年的代表，他以一张小小的"致歉条"，传递着道德伦理的正能量。这种发生在身边的典型的人和事，是我们实施生命教育最真实最亲切的素材，我们要善于捕捉，及时运用到教学实践中去。

1. 搜集整理案例细节。在整理的过程中感受主人公有担当、有责任心的可贵品质。

2. 徐砺寒同学的这个"算不得好人好事"的举动，引发一系列后续反应，产生了良好的连锁效应。这说明了社会期盼着传统道德伦理的回归。以此为例，思考传统道德伦理教育的现实意义。

附部分媒体的评论于后，供讨论参考。

——车主无限感叹：我们的下一代若都如此，社会有希望！

——当地一家汽车修理公司表示愿意无偿修理受损的宝马车；

——在网络上引发了大量的讨论，相关微博的转发近万次。孩子的世界才是美好善良的，给了成人世界中的一股清泉！""这算不得好人好事，但是能说明这孩子有责任心、有担当……"

——《人民日报》评论称：徐砺寒的诚信举止，其更大的意义是让我们看到了希望：下一代正在告诉我们，"诚信"二字有重塑的可能。

第四章

生命技能与智慧（上）

良好的人生是受行动和智慧指导的。

——〔英〕罗素

生命存在于社会，一要生存，二要发展。这是生命的本能所决定的。因此，人们既需要生存的基本技能，也需要发展生命的大智慧。生命技能是人们生存与生活的一般生命实践能力，诸如维持正常生活，保全生命安全、应对生命中突发事件的能力；生命智慧是生命实践能力高一层次的表现形态，是生命中情商与智商相结合所激发出来的创造性才能，是人类生命生存之道的高度概括，是人类生命实践素养的总和。[①] 生命智慧属于"形而上"层面的智慧，是对事物发展变化及其规律的把握具有根本性的、主宰性的智慧。[②] 对中小学生而言，生命实践能力与智慧的培养，应重在保护自身生命安全和为人处世的生活能力。

一个人生命实践能力的形成取决于多方面的因素，所以，人们终身都要吸取知识、提高技能、修身养性。青少年时期正是生命实践能力形成的关键阶段，有必要了解一些基本的生活常识与生存技巧，指导我们的生活实践，同时也为日后的生命实践能力的发展奠定基础。

---

① 郭元祥：《生命教育的核心范畴及其价值观》，载于《基础教育课程》，2014年2月（上）。

② 潘朝曦：《中医解读生命的中华大智慧》，载于《上海中医药大学学报》，2008年3月13日。

第一节　学会生存

生命来到这个世界上，首先必须解决生存问题。生存依靠谁？拿破仑说："要生存，只有靠自己。"

1. 养成劳动的习惯

马克思说："任何一个民族，如果停止劳动，不用说一年，就是几个星期也要灭亡。"事实上，人类正是通过劳动，才满足了人最基本的衣、食、住、行等自然需要；通过劳动，才建立了人赖以生存和发展的一切社会关系，满足了人自身的社会需要和精神需要。苏霍姆林斯基认为，"体力劳动对于小孩子来说，不仅是获得一定的技能和技巧，也不仅是进行道德教育，而且还是一个广阔无垠惊人丰富的思想世界。这个世界激发着儿童道德的、智力的、审美的情感，如果没有这些情感，那么认识世界都是不可能的。"因此，发达国家都十分重视对青少年的劳动习惯与能力的培养，比如德国把"孩子必须帮助父母做家务"明明白白地写进了法律里，并做了具体的规定：6～10岁：要帮助父母洗餐具、收拾房间、到商店买东西；10～14岁：要在花园里劳动、洗餐具、给全家人擦皮鞋；14～16岁：要擦汽车和在花园里翻地；16～18岁：要完成每周一次的房间大扫除。这种分年龄段来安排少年儿童体力劳动的做法，不仅阶段性明确，而且操作性很强，有利于青少年劳动习惯的培养。

在现代社会，我们许多人对劳动，尤其是体力劳动缺乏起码的认识，劳动习惯的养成教育自然无从谈起。《北京青年报》在一次大型问卷调查中了解到85.7%的学生认为劳动没有必要，71.4%的家长认为只看重孩子的学习成绩；32.3%的学生没有劳动习惯，37.2%的学生不知道怎样才算劳动。家务劳动父母大包大揽，学校劳动课程形同虚设，这样不仅剥夺了孩子们劳动的权利，更剥夺了孩子们劳动锻炼的机会。让青少年从小习惯于"衣来伸手，饭来张口"，没有养成劳动的习惯，也不会干活，这对他们未来的生存来说，不能不说是一个潜在的危机。

2015年7月20日，教育部、共青团中央、全国少工委联合下发的《关于加强中小学劳动教育的意见》指出："中小学生劳动机会减少、劳动意识缺乏，出现了一些学生轻视劳动、不会劳动、不珍惜劳动成果的现象。"要求"通过劳动教育，提高广大中小学生的劳动素养，促进他们形成良好的劳动习惯和积极的劳动态度，使他们明白'生活靠劳动创造，人生也靠劳动创造'的道理，培养他们勤奋学习、自觉劳动、勇于创造的精神，为他们终身发展和人生幸福奠定基础。"生命教育，首先就要从培养青少年劳动意识、劳动习惯开始，让他们从小学会过自己的生活。

2. 掌握劳动的技能

为了提升青少年的劳动素质，我国中小学普遍开设了劳动和劳动技术课程。农村学校重点是种植、养殖技术教育，城市学校重点是家政与职业技术教育。通过劳动技术教育，不仅能使中小学生从小养成劳动的习惯，掌握一定的劳动技能，更重要的是培养他们自理、自立的生存能力。

至于，青少年应当掌握哪些劳动技能，达到什么样的标准，这是需要科学规划，实验验证的。近年来，不少地方进行了有益的探索。如北京市家庭教育研究会首次提出了小学生生活自理能力的标准，具有一定的参考价值。标准分为七个方面。第一，学习穿脱衣服，把衣服摆放整齐，学会叠被子，整理房间；第二，学会安排课余生活，养成回家主动做作业的习惯，学会收看电视、收听广播节目；第三，学会随着天气变化安排衣着；

第四，协助父母做饭前的辅助劳动，学会做简单的饭菜，学会识别食物保质期；第五，做一些简单的家务劳动，自己洗头、洗脚、洗小件衣物，学会使用洗衣机；第六，自己独立上下学，独立出行；第七，购买简单物品。

中小学劳动教育只要引导得法，学生们不但乐此不疲，而且可以收到意想不到的效果。济宁市梁宝寺镇中心小学三年级的王锦莹在家务劳动中获得了这样的体验：

寒假里外公看我整天没事干，就给了我两三片宝石花的叶子。说宝石花很好养要我试试。再外公的指导下，我开始种植宝石花。我找来了一只花盆，并装满土。首先，我把土壤翻得又松又细，再把宝石花叶片种进土壤里，然后，在叶片上面洒上了水，并施了肥。宝石花叶片有了一个舒适的家。每天早晨，我都要去看一看叶片发芽了没有。十来天过去了，叶片终于长出了小小的嫩芽。我兴奋极了。

天冷时，我把宝石花搬到家里暖和暖和；太阳出来了，就把它搬出来晒晒太阳……外公说适当施肥，渐渐地就会长成一棵粗壮的宝石花了。所以，我隔几天就给它上一次肥。宝石花生命力非常旺盛，也非常耐旱，连续几个星期不给浇水照样能生长，因为它的每一瓣叶子都像一座水库，水分都储藏在叶子里，留在干旱时用。也就是因为这小水库，管理宝石花时，我可以节省很多时间和精力，这小水库多奇妙呀！

由于我的精心培育，这盆宝石花越长越好，我心里说不出的高兴。每当有客人来访，我都会骄傲地向他们展示我的成果，让他们一起分享我的喜悦！

我十分爱护这盆宝石花，因为它是我栽的第一盆花。

3. 过节俭的日子

社会上的奢靡之风严重影响到了青少年一代的健康成长。据潇湘晨报报道，长沙市一名10岁的小学生，手头竟有20多万元的零花钱，而像她一样存款在万元以上的，一个班上竟有七人。据说中小学生每个月有50～300元不等的零花钱，这些零花钱都派什么用场了？有调查表明，低年级学生的零花钱主要用来买零食、玩具和服装等，高年级学生有的将零花钱用于购买电脑、手机、数码相机、MP3等高档消费品，有的甚至拿零花钱去上网聊天、游戏，赌博。

如何发挥"零花钱"的育人功能，已经成为生命教育研究的一个重要课题。青少年有自由支配的零花钱是好事，但是不是越多越好？家长对零花钱的掌控要有一个度，不能超过孩子在这个年龄段的支配能力，多了就会成为一个负担。再说爱孩子，不能以钱作为情感表达的工具，因为这样会助长孩子们的攀比心、虚荣心，严重的还会腐蚀孩子，使之习惯于奢靡享乐。西方国家的家庭平均收入比中国多几十倍，但他们富而不奢。让学生从小养成精打细算、勤俭度日的习惯。据说，美国54%的青少年学生没有零用钱，而且年龄越大越不可能拿到零用钱。比如美国首富洛克菲勒给予子女的零用钱就少得可怜，他家账本扉页上印着孩子零用钱的规定：7～8岁每周30美分；11～12岁每周1美元；12岁以上每周3美元。零用钱每周发放一次，要求子女记清每一笔支出的用途，待下次领钱时交父亲检查。洛克菲勒认为"过多的财富会给自己的子孙带来灾难。"在我国，随着社会的进步，经济的发展，人们生活富裕，消费水平有了很大提高。但崇尚俭朴，反对浪费的传统不能丢。因为我国虽然地大物博、资源丰富，但人口众多，人均占有量非常低，有些还处于警戒位置，资源相当紧缺，例如淡水资源、林木资源、煤炭、石油等。同时，由于发展不平衡，我们中很多人还处于贫困状态，没有大家的相互帮助，很难实现社会成员的共同富裕。再说，父母挣钱不容易，我们要珍惜劳动成果，不乱花一分钱。

"历览前贤国与家，成由勤俭败由奢。"自2012年11月党的十八大后，反腐风暴席卷全国，奢靡享乐之风得以遏止，在一定程度上净化了我们的教育环境。2015年新修订的《中小学生守则》增加了"勤俭节约""不比吃喝穿戴"的内容，表明节俭教育要从娃娃抓起。

4. 学会理财

理财教育，属于生活教育范畴。重在引导青少年形成健康的消费观、财富观，同时通过理财教育，鼓励少年儿童自强自立。

现代社会有一个重要的生存之道，就是会理财。在美国，理财教育从3岁的孩子开始，因此，被称为"从3岁开始实施的幸福人生计划"。经过探索，美国教育还形成了一套符合青少年心理特点的理财教育目标。3岁能够辨认硬币和纸币；4岁知道每枚硬币是多少美分；5岁知道硬币的等价物，知道钱是怎么来的；6岁能够找数目不大的钱，而且能够数大量的硬币；7岁能看价格标签；8岁知道可以通过做额外工作赚钱，知道把钱存在储蓄账户里；9岁能够制定简单的一周开销计划，购物时知道比较价格；10岁懂得每周节约一点钱，以备大笔开销时使用；11～12岁知道从电视广告中发现理财事实，并能制定、执行两周以上的开销计划，懂得正确使用银行业务中的术语；13岁至高中毕业尝试进行股票、债券等投资活动以及商务、打工等赚钱实践。

在这套以金钱为基础的理财教育体系中，有两个非常具体的子目标，即教育中小学生认识金钱，培养他们正确的金钱观；引导中小学生学会储蓄，树立正确的消费观和财富观。其内容多与学生的日常生活密切相关，围绕着能让孩子们能正确认识钱、花钱、挣钱、借钱、分享钱，以及让钱升值等展开。比如鼓励青少年储蓄，每人拥有一张储蓄卡，然后耐心地诱导他们把口袋里的零钱存进去，并坚持下去，要为自己的储蓄卡负责任，在没有必要花费时不要随便动用卡里的钱。长期坚持，储蓄意识就会扎根在孩子们的脑子中。因为他们认为，孩子们从小对金钱弄得越是明白透彻，长大以后就越不可能为金钱所困扰；从小学会挣钱和花钱，长大就不会成为金钱的奴隶。[①]

---

① 温金燕：《美国中小学理财教育及其对我国教育的启示》，载于《外国中小学教育》，1998年。

在理财教育方面，我国起步较晚。近年来，北京、上海、成都等地的一些学校将理财教育内容引入选修课、拓展课，开展了一些有意义的探索。尤其是成都的以"儿童商学院"的形式，尝试对少年儿童进行理财教育，在社会上引起强烈反响，认为孩子这么小就接触"金钱"话题，会不会适得其反？任宪法在《快教孩子学理财》一书中讲述的一个教孩子理财的故事，对我们会有启发。

2009年冬天，9岁的女儿格格在班级做了第一笔"生意"，赚到了三元钱。

格格在电视上学会了用海绵纸做笔袋。于是先是用普通硬纸做了一个笔袋，确认做出的笔袋没有问题后，才让妈妈给她买了海绵纸和打孔机，自己动手做起笔袋来。格格做出来的笔袋还真不错，很漂亮也很实用，加个福娃钥匙链，既可作为装饰，也可作为笔袋的提手用。

她把笔袋拿到班里后，班里好几个同学都很喜欢，都向她"要"。现在的小孩都很尊重他人的劳动，所谓"要"就是买。格格回家征求妈妈的意见，到底要不要同学的钱呢？如果要，应该收同学多少钱合适。

妈妈说，做笔袋是有原料成本的，并给她算了一下：一张海绵纸2元，能做三个笔袋，外加一个3角钱的福娃钥匙链；一个笔袋的成本能达到1元钱——这不包括女儿的手工费。

格格最终决定还是应该收钱，理由有两个：第一是同学们主动找她"要"，第二是做笔袋是有成本的。她结合妈妈的意见，给笔袋定价为1.5元一个。她把几种颜色的海绵纸拿给同学，让他们自己选择喜欢的颜色——这也算是按客户个性需求下订单了。女儿的第一批笔袋一共订出去6个，每个1.5元，相当于赚了6×0.5元=3元。

这件事让格格明白，任何商品都是有成本的。这些成本包括原料成本、加工成本；当然，她不能想到一个真正的商品销售出去还有很多成本，去掉这些成本才是商品的利润。实际上从成本角度来说，这单生意是没有利润的，她赚的仅仅是加工成本（手工费）。

故事中，格格应不应该收同学的钱可能存在争议。但从小学生学习理财游戏的角度看，格格从学做笔袋、获得个性订单、再按订单生产、最后完成交易这个过程来讲，还是一个具有理财教育意义的典型案例。

 **资源呈现**

为帮助贫困同学，上海3名中小学生近日捐出了自己10余年积攒的50万元压岁钱，用于设立上海市慈善基金会"青春之光爱心专项基金"。

3名捐赠学生分别是来自上海市世界外国语中学的魏琮泰、杨行，以及来自上海市世界外国语小学的魏启泰。10月31日，他们来到上海市慈善基金会，共同捐出了50万元压岁钱。

现年14岁的魏琮泰是这次捐款最多的人，捐款金额为25万元。他的弟弟魏启泰今年正上小学5年级，对慈善捐款没有太多概念，他说，这全是哥哥的主意，自己听从哥哥的建议，捐出了压岁钱。此外，在魏琮泰的游说下，14岁的同班同学杨行也慷慨解囊，捐出了5万元的压岁钱。

魏琮泰说，捐钱最初是父母的意思，但自己和弟弟非常赞同。

两位小兄弟的妈妈、专项基金联络员之一的陈晓军透露说，两个孩子平时没什么开销。从满月开始，每年逢年过节长辈和亲戚朋友都会给孩子送压岁钱，这些钱都由家长代为存了起来，积少成多就有了几十万元。

两兄弟的爸爸、专项基金副主任魏宝龙是一位企业家，他表示，"我们不希望他们养尊处优，对人自私，对社会冷漠，而是要保有爱心。"

据了解，青春之光爱心专项基金将用于资助特困家庭的中小学生和自闭症患儿，以及患有视、听等障碍的特殊儿童。目前，已确认15位特困学生和15位特殊儿童将首批得到资助。

（《南方都市报》，2014年11月9日）

 **教学建议**

随着我国经济的发展，人民生活水平的提高，"压岁钱"的确已经成为中小学生生命成长中一个值得关注的问题。给多少合适、钱多了怎么处理，能否通过"压岁钱"帮助学生学习理财等，都是值得我们探讨的话题。

1. 阅读以上案例，思考上海三位中小学生利用"压岁钱"设立"青春之光爱心专项基金"，开展慈善事业对我们的启发。

2. 组织学生开展本地中小学生接收、管理和使用"压岁钱"现状的调查。

3. 在中小学生中，开展多种形式的"压岁钱"管理与使用的理财教育。

第二节　学会与人交往

戴尔·卡耐基说得好："一个人事业的成功只有15%取决于他的专业技能，另外的85%要依靠人际关系和处世技巧。"这种人际关系和处世技巧其实就是人际交往的艺术。在现代社会里，人与人的交往更为重要。如果我们不善于交往，将会失去许多获取信息的渠道，将会失去许多与他人合作的机会。我们要学会交往，在与人的交往沟通中，让生命的智慧之花开放得更加艳丽！

1. 青少年人际交往的现实障碍

研究表明，青少年人际交往障碍主要有两种类型。一是交往不足，表现为不愿交往，不敢交往和不会交往；二是交往不当，表现为交往过度、误交损友、恶性交往和彼此信任度低。造成人际交往障碍的原因很多，突出表现为三个方面：认知因素，即有的过于理想化，有的过于功利化；性格或者人格原因，如自我中心、自尊过敏、心胸狭隘、自控力差等；技术因素，如不善沟通、缺乏社交的基本技能。

今天的中小学学生大多是独生子女，缺少与兄弟姐妹共同生活的经验和与近龄同伴的交往环境，从小养成了依赖父母的习惯。他们性格孤僻、缺乏自信、怯于交往。不少人在家长的溺爱中长大，养成了以自我为中心的习惯，于是在人际交往中表现出霸道、自私的行为，不懂得谦让、分享，更缺乏团结协作精神。这些都是造成中小学生人际交往障碍的重要原因。

在社会生活中，以"80后""90后"为主体的年轻一代普遍感觉社会复杂，难以融入社会生活，与人交往似乎成为一道生活的难题。随着网络技术的发展，"宅"文化首先在这一代青年人中流行开来，他们越来越认同互联网中的"社群"关系，越来越厌烦与现实人的交往，尤其不愿与长辈交流和沟通。这种社交文化的流行给中小学生人际交往的负面影响是显而易见的。引导青少年从网络社群交往走向现实人际交往已经成为一个新的亟待解决的难题。

2. 人际交往是社会化的必经之路

人际交往是社会生活中人与人之间进行交流沟通的一种心理活动形式，是每一个社会成员必须具备的一种生存技能。这种能力的形成对个人的发展具有极其重要的作用。人际交往是一个人从自然人过渡到社会人，即实现人的社会化的必经之路。人际交往满足青少年社交需要、是获得心理归属的重要源泉。在人际交往过程中，人们不仅获得信息交流，而且实现心理上的沟通、情感上的交流，如双方对某一问题或某一观点都有相同的认知，双方会产生情感上的共鸣，甚至出现"酒逢知己千杯少"的情感体验。人际交往是青少年认识自己、形成自我概念的必要条件。青少年十分重视他人对自己的态度和评价，并从中认识自我形象。自我意识的发展也在不断的人际交往中趋于客观、成熟、完善。积极的人际交往，会产生改变自我的兴趣、动机、能力、意志和行为。人际交往是青少年发展社会能力、提高社会适应能力的前提和基础。

人生在不同阶段会有不同的交往对象，因此，其交往的关注点会有所侧重。比如，儿童时期，主要的交往对象是父母、教师；青少年时期，主要的交往对象是同学、同伴；成人时期，主要的交往对象则是配偶、家人与同事。青少年是人生成长的重要时期，十分看重他人的评价，能够得到师长的鼓励，能够被同伴所接受，能够归属于某一积极团体，将有助于他们更好地发展自己的才能和人品。

3. 人际交往的基本原则

与人交往，必须从认识自我和尊重自我开始。客观的自我认识是建立良好人际关系的重要前提。有的人过高地估计自己的能力，会给人自命不凡、骄傲自大的印象，使别人不愿同他交往；有的人过于自卑，对自己的评价低于自己的实际水平，因而畏首畏尾，自暴自弃，会给人窝窝囊囊、没有出息的印象，使别人不屑与他交往。因此，我们要自信、自尊，成为一个受人欢迎的交往者。

人是社会的产物，人际交往是人类社会中不可缺少的组成部分，人的一切需要都是在人际交往中得到满足的。人们在社会活动中传递消息、沟通思想及交流感情。人际关系是指在人际交往的基础上形成的个人与个人之间的好感或恶感、排斥或吸引等心理上的距离和关系。如果人际关系不顺利，就意味着需要的被剥夺，或满足需要的行为受挫折，会产生孤立无援或被社会抛弃的感觉；反之则因有良好的人际关系而得到心理上的满足。[1] 要想拥有良好的人际关系，我们必须遵循一些约定俗成的交往原则。

---

① 周瑜弘：《浅析大学生的人际关系》，载于《管理观察》，2008年第10期。

平等的原则。人际交往必须坚持平等的原则。无论我们在学习成绩、家庭背景、成长经历、身材长相等方面有何差异，都应平等相待，一视同仁，相互尊重。每个人都有自己的人格尊严，并期望在各种场合得到尊重。尊重能引发人的信任情感，缩短交往双方的心理距离。平等很多时候表现在对别人生活习惯、民族感情、宗教信仰的尊重与敬仰。你不尊重别人，别人也不会尊重你，平等自然就不存在了。

真诚的原则。真诚是人与人之间沟通的桥梁，只有以诚相待，才能使交往双方建立信任，并结成深厚的友谊。待人要襟怀坦白，处事要光明磊落，对待不同的观点要敢于陈述自己的意见。朋友之间，要做到言必信、行必果，乐于助人，不求回报；对朋友的不足与缺点要能给予中肯的批评。

互助的原则。互相关心，互助互惠，是人际交往的客观需求。生活中，每个人都会遇到困难，需要他人帮助；工作中，也需要互相配合、互相支持、通力合作。一个不愿意帮助别人的人，很难要求别人自愿帮助他。互相帮助不是互相利用，对人际交往互助，毛泽东有一句名言叫"公事论理、私事论情"，这是值得我们学习的。

宽容的原则。人际交往中难免会产生误解和矛盾，这就要求我们在大是大非问题上，能坚持原则；在非原则问题上，不斤斤计较，能够宽容忍让。能承担自己需要承担的责任。与不同性格的同学交朋友，有助于我们学会宽容，求同存异，完善自己。

4. 人际交往的礼仪与技巧

在社会生活实践中，人们已经形成了一套较为完善的人际交往礼仪，掌握并运用这些基本的礼仪，对提高社会交往水平，促进学习和工作具有重要意义。比如，到别人家拜访。若是自己主动前往，就应该事先打电话约好时间，以防突然造访给别人带来麻烦；若是受别人邀请前往，无论答应还是拒绝，都应及时告知对方，切忌答应某一邀请后，又因参加别的约会而失此约。

人际交往无论发生在亲人朋友之间，还是发生在陌生人之间，都要做到彬彬有礼。哪怕只是一个灿烂的笑容，或者一个友善的目光，甚至只是侧侧身子让个道……都会让我们变得魅力无穷！交往的礼节蕴藏在我们行为的每个细节之中。比如电话在使用过程中，也形成了一套完整的电话礼仪。我们必须讲究礼仪，文明通话。

打电话前，要事先想好要说的事情从何处说起，用什么方式说，说到什么程度。这样才能在尽可能短的时间达到预期目的，不浪费对方的时间。

打电话时，要面带笑容，语气温和，口齿清楚，语言简洁，第一句话要说"您好"，紧接着进入正题；电话结束时，一般是年长者、女性先挂机后，对方再轻轻挂断电话；每次话结束时，都要说"再见""谢谢"之类的礼貌语言。

接电话时，要先说"您好"，再问"是哪位"。如果是家庭电话或公用电话，要说"请问您找谁"；如果被找的人正巧不在，就说明情况，问一下有什么重要事情，要不要转达等。

一般情况下，电话铃响三遍后要立即接通。如果电话铃响了好几遍之后才接通，就要先说"您久等了""对不起"之类的抱歉话。

电话声音小，听不清楚时，不要大声吼叫，更不要拍打电话，要把说话的速度放慢，口齿再清晰些。

人际交往还必须做到"有礼有节"，即要求我们在善待他人的同时，也要善待自己。在交往过程中，我们要注意交往的安全，避免无节制的交往行为，并且学会用理智去拒绝不安全的交往行为。

良好的人际关系能让我们身心健康，生活愉快。但要处理好人际关系，仅凭主观热情是不够的，还要讲求一定的策略、方法。

第一，克服"自我为中心"毛病。"自我中心"是现在青少年尤其是独生子女的一个通病。在生活上，总觉得周围的人都得让着自己，想干什么就干什么，不管是否影响他人的生活习惯；在学习上，自以为有优势，看不起一般同学，不愿与他人探讨学习；在集体活动中，听不进别人的建议，总希望依照自己的想法去做。天下之大，不能一人兼顾。要懂得共享之道，学会分享，个人能力再强也比不过团队的力量。

第二，用"真诚"维护友谊。同伴交往的最高层次是友谊。维护友谊，不等于迁就对方、搞一团和气。因为这样虽然掩盖了一时的矛盾，但实际上拉大了彼此的心理距离。朋友有过失时，要坚持原则，用真诚的批评帮助他改正错误；朋友有困难时，要尽其所能地去为他排忧解难。

第三，尊重别人。每个人都是一个单独的个体，其兴趣爱好各不相同。要努力寻求亲近与认同，要注意给别人留下好的印象，让对方感觉自己是容易亲近的人。在人际交往中，还要接纳和理解他人的价值观，并虚心向别人学习，不要轻视别人，令人反感。

第四，换位思考。要设身处地为他人着想。当彼此之间观点不一致时，应心平气和地向别人讲明自己的想法，切记不可伤害对方的自尊心。只有站在对方的立场上思考问题，情感上才能与对方靠拢，才有了对话的基础。换位思考既是一种理解，也是一种关爱。专家认为，换位思考是我们解决与父辈之间"代沟"问题的有效办法。

5. 异性交往有讲究

异性交往是人际交往的重要组成部分。与同性交往比较，异性交往有很多特别的地方，我们必须注意观察，仔细体会，寻找适合自己的异性交往方式。比如，小学时，我们懵懵懂懂，男生讨厌女生，女生讨厌男生。进入初中后，我们渐渐发现，对方其实很可爱。双方慢慢生出一种神秘感，并渴望交往，但怎么交往却是一道难题。下面这对异性同学就面临着这道难题。

女生周晓莉与班里男生肖强同住一个村。上中学后，在共同的学习中，两人又有了许多接触。肖强待人热情大方，加上同村关系，所以在学习上经常帮助周晓莉。为此，周晓莉认为肖强喜欢她，便对肖强产生了好感，并经常找机会与肖强接近。这种情况引起了肖强的不安，他开始有意疏远周晓莉。然而，周晓莉的感情不仅没有因此而减弱，反而更想接近肖强。肖强总是躲着周晓莉，这时的周晓莉陷入了苦恼之中。她想：肖强为什么总躲着我，疏远我？是不是我什么地方让他不高兴了？这种情绪严重地影响了晓莉的学习和生活。

青少年男女生之间的感情自然，友谊纯洁，十分可贵。为了这份异性朋友的友谊，为了广泛的社会交往，我们必须学会与异性之间的正常交往。

首先要了解异性交往的特点。比如，初中三个年段的异性交往特点是不完全相同的。一年级时，还带有童年时期群体交友的特点，性别意识不强，只要性格、兴趣相同，男生女生都还能经常在一起游戏。随着年龄的增长，二年级时的男生女生的自我意识有了一定的发展，大家逐步意识到性别差异，开始彼此注意对方并产生了兴趣。到了初三年级，男女同学就会突破心理障碍，进入一个新的异性交往阶段。这时，大家愿意与异性同伴在一起；愿意找异性同伴说些心里话，并寻求情感上的相互支持。

进入青春期后，青少年身心变化很大，对异性充满好感是一件很正常的事情。他们渴望接近异性，这是正当的心理需要。异性交往可以使同学间互相学到一些有益的东西，消除对异性的神秘感，更好地理解自己的性别身份，对于健全人的个性大有裨益。由于青春期的同学过于敏感和富于想象，加之对相关心理知识缺乏了解，不少同学会在异性交往过程中出现心理困扰。

其次，要走出异性交往的误区。随着年龄的增长，同学们从最初的"异性疏远期"，进入了"对异性的关注期"，在这一时期，有些同学会走入异性交往误区。异性同学过于频繁地单独交往，会使异性关系超越普通交往的界限，过早萌发出对异性的爱慕，产生"早恋"。有的男生女生虽无过多接触，表面上装出排斥异性、拒不接纳的姿态，其实内心朝思暮想，产生"暗恋"。这些心态都不好，长此以往会影响同学们青春期心理的正常发展。有的同学受传统观念的影响，对异性持有偏见，或者因为个性内向、胆小、缺乏自信心而回避或拒绝与异性交流。这样做，不仅丧失了与异性交往的机会，也放弃了完善自我、发展自我的机会。

第三，掌握异性交往的基本原则。青春期学习与异性交往，是一种"爱和友谊的修炼"，是为未来事业发展和社会人际交往做准备。我们应该注重哪些修炼呢？

一要自然适度，培养健康的交往意识。在与异性交往的过程中，言语、表情、行为、情感，要做到自然、顺畅，不夸张造作，不闪烁其词。行为自尊自爱，言谈文雅庄重；不过分亲昵，也不过于冷淡。

二要集体活动，减少单独接触。异性交往应该以集体活动为主要方式，因为集体活动更容易消除男女生交往的羞怯感，更有利于提高智力、丰富感情和发展个性。当然，对于有些不便于在集体场合下交谈的内容，也可以单独交流。

三要真实坦诚。罗兰说："美好的东西时常是由于它是真诚的。"与异性交往要做到感情自然、以诚相待，不能过于轻浮，也不要过分拘谨，这是建立和发展良好关系的前提。交往过程中，双方难免会出现纸条约会、写情书之类的冲动行为。遇到这种情况要慎重处理，不要当面指责，更不能随便公开，而应该以心交心，切莫反目成仇。有一位文静漂亮的女生，成绩优秀、气质高雅，很招男生喜爱。一次自修课上，她正在做数学作业，一个小纸团落在她的课桌上。她打开一看，字条上写着："请放学后到青年公园门口相会。爱你的人。"她从字迹上已猜出是哪位男同学写的，但一时不知怎么办。一番思考后，她有了主意。放学后，她拿着纸条走进了老师的办公室……

四要学会转移注意力。当感觉到异性交往给自己带来烦恼，甚至影响到正常生活学习时，要学会转移注意力。比如去参加体育活动，尽可能把精力转移到学习和工作上，减少思念，消除烦恼。

 **资源示例**

2011年1月，四川省成都市某中学在礼仪教育中，为初高中生的异性交往设定了距离。学校规定，文明交往的距离为0.8～1米，低于50厘米算亲密交往。异性之间在公共场所交往距离低于50厘米的，老师会对学生提出批评，情节严重的还要处分。

无独有偶。2014年12月，山东省济南市某中学不但规定了高中男女生交往应保持的距离，还要求学生做出书面承诺。行为规范共有六条，包括禁止异性间嬉戏、追逐、打闹；禁止接收或给予异性食品、礼物；禁止给异性拎书包、外套等随身物品；禁止男女共用一个餐盘、互喂食品；禁止异性在操场、花坛、宿舍长廊、女生宿楼下等地点逗留；男女交往至少保持44厘米以上；严禁异性间拉手、互挽胳膊、搂抱、抚摸头发等接触动作。如果违规，势必严厉处罚，轻则诫勉谈话，重则给予记过、留校察看直至劝其退学等处分。

 教学建议

高中阶段的学生属于青春躁动期，对异性产生"兴趣"是一个比较突出的现象。这阶段的男女同学交往"密切"一点很正常。因为男女同学相互有好感是青春期情感需求的一种表现，是无法避免的。家长和老师在处理这类问题时需要技巧。往往"疏导"的效果好于"禁止"。对于男女同学一些盲目的行为学校是必须及时阻止的，但是对于一些朦胧的好感，则需要加以引导。让这些处于青春期的孩子知道，有些好感可以成为"美好"，而不是"终身遗憾"。

而采取"男女生交往承诺书"的形式限制男女同学的交往，反而让正常的事情变得"不正常"了。再说，"44厘米"的交往距离又如何测算得出来呢？多一厘米就会受处罚吗？我们应该思考更妥当的办法。

1. 青春沙龙：异性交往中的问题讨论

——好感不等于初恋；

——暗恋并不等于罪恶；

——表示并不等于卑鄙；

——拒绝并不等于绝交。

2. 组织学生在集体活动中，学习异性交往。如多开展兴趣小组活动，集体远足活动等，尽量避免"一对一"的异性交往。

3. 从班级异性交往的特点出发，开展有针对性的教育活动，以巧妙的方式引导问题的转化。

第三节 拒绝不良诱惑

青少年正是人生观、价值观、世界观逐步形成的时期，也是人生中最富于变化而不稳定的时期，极易受到社会不良诱惑的影响。因此，学会辨别各种不良诱惑，认识其危害，并自觉抵制不良诱惑，对青少年的健康成长极为重要。为了未来，为了幸福，我们应该自觉筑起一道道"青春的防线"。

1. 面对种种不良诱惑

社会的多元化，给我们生活增添了丰富的色彩，也容易让我们眼花缭乱，迷失方向。社会不良诱惑主要表现在以下几个方面：

黄色诱惑。人们把社会上的黄赌毒现象，称之为黄色诱惑。一些不法经营者贪图眼前利益，借助开办游戏厅、歌舞厅、录像厅、电话信息台等形式，采取直接或间接的手段，引诱甚至教唆未成年人养成不良习性，严重侵蚀了青少年的身心健康。

灰色诱惑。人们把以腐败为主要表现形式的"灰色"行为，称之为灰色诱惑。发生在家庭和社会上的一些权钱交易、道德败坏等行为，严重腐蚀着青少年的心灵。

黑色诱惑。人们把以暴力犯罪为主的"黑道"行为，称之为黑色诱惑。由于不良媒体的误导，大肆传播黑恶势力的犯罪信息，致使一部分青少年染上了江湖义气，把勇敢、英雄和亡命之徒混为一谈，以致公然藐视一切正常的行为规范和社会秩序，甚至以身试法。

作为一个普通人，我们面临更多的诱惑是来自高档消费方面，即吃、穿、住、行、用以及玩耍娱乐的种种诱惑。没有拒绝意识，很难约束自己的私欲。我们应该学会拒绝不良诱惑，用智慧和意志战胜不良诱惑，成就自己的美好人生。

2. 不让网络迷失了自我

网络拥有强大而神奇的功能，对我们的学习和生活方式产生了重要影响。人们可以在网上读新闻、听音乐、看电影；可以和天南海北的朋友聊天、游戏；还可以网上查阅资料，听老师讲课，向专家请教；甚至还可以足不出户在"网络商场"购物，用"电子钱包"付账，让电商把商品送到家中……

但是，任何事物都有两面性。网络在给我们提供各种信息，带来学习和生活便利的同时，也给我们带来了许多负面信息，如暴力游戏、各种样式的博彩、色情影视等。如果我们沉迷网络，就会误入歧途，轻者摧残身心，重者引诱犯罪。因此，我们要自觉遵守《全国青少年网络文明公约》，健康上网，让网络真正成为我们学习、生活的好帮手。

中国青少年网络协会开展的第三次青少年网瘾调查表明，目前，我国城市青少年网民中网瘾青少年约占14.1%，人数约为2404.2万；在城市非网瘾青少年中，约有12.7%的青少年有网瘾倾向，人数约为1858.5万。青少年处于心智并不成熟的时期，缺少辨别是非和自我控制的能力，如果无节制地使用网络，就会影响正常学习、生活和人际交往，甚至出现身体健康受损、不能与社会外界正常交往等严重问题。因此，引导青少年科学、合理地使用互联网十分重要。我国青少年教育专家、华中师范大学特聘教授陶宏开是一个传奇式的人物，曾被称为"中国戒网瘾第一人"。《回来吧，孩子》是他创作的一首劝诫歌。歌词中写道："啊，大地撒满银光，母亲走遍大街小巷，月亮啊，月亮，请你告诉我，我的孩子他在何处上网。啊！回来吧，孩子，可知道我的忧伤。"陶宏开举办的青少年戒网瘾讲座，往往是一架白色的钢琴配几张粉色的沙发，在优美的乐曲背景下，他与学生幽默对话。黑龙江一位高中生在陶教授的帮助下终于明白了"利用网络"和"被网络控制"两者之间的关系，发誓不做网络奴隶，重新找回来了一个好学、上进的自我。

3. 远离毒品

一个垂死的19岁青年痛苦地躺在医院病床上。他无助地望着四周，恐惧感占据了他的心灵。他把胳膊伸向旁边的小桌子，拿出一张纸和一支铅笔，艰难地给爸爸写起信来。

爸爸：

我不久将死去，这一点我十分清楚。我接触杀死我的刽子手——毒品时，只有15岁。起初，我怀着好奇心，在别人的引诱下，试了一下，于是，我掉进了万丈深渊。

开始，我感觉不舒服，后来，我以此来消磨时光。随后，我对一切都淡漠起来。以至发展到一离开毒品，我就什么也干不了。我感觉窒息、恐惧，并产生幻觉。慢慢地，我离不开毒品了。

爸爸，我才19岁，但我再也支撑不下去了。对我来说，一切为时已晚。现在，我有最后一个请求，请把我的吸毒之事告诉其他人，毒品是残害人生命的罪魁祸首。

……

这个青年写完信，挣扎着把信放在了小桌子上，但没有做到，铅笔从他手中滑落，他头一歪，永远离开了人世。19岁，生命之花最是绚烂的时刻，却凄然凋谢。这罪恶的一切都源于毒品。

毒品，这个曾给中华民族带来深重灾难的魔鬼，在不经意间又卷土重来，给我们的生活投下了可怕的阴影。多少家庭因此破裂，多少亲人为它反目，多少吸毒者死于非命。更令人担忧的是，毒品的魔爪正在伸向青少年。为了让毒品带来的悲剧不再上演，为了青少年的身心健康，我们一定要保持清醒的头脑，拿起正义的利剑，斩断毒品魔爪，真正做到"珍爱生命，拒绝毒品"。

（1）什么是毒品

我国新修订的《刑法》第357条对毒品作了这样的定义："毒品是指鸦片、海洛因、甲基苯丙胺（冰毒）、吗啡、大麻、可卡因以及国家规定管制的其他能够使人形成瘾癖的麻醉药品和精神药品。"摇头丸是冰毒的衍生物。滥用者多为迪斯科舞厅的常客，他们服食冰毒后，常常会随着音乐疯狂地摇摆头部，故称"摇头丸"。摇头丸不仅有强烈的兴奋作用，而且会引起一定的幻觉、性冲动，造成行为失控。"摇头丸"对青少年的危害最为严重，长期服用会损害脑细胞，造成记忆损伤和行为改变。

（2）毒品的危害

毒品对人类生命的危害，可以概括为"毁灭自己，祸及家庭，危害社会"十二个字。

吸毒首先意味着毁灭自己。滥用毒品，会导致身体的重要系统及器官受损。慢性肝炎、肺炎、败血症、心脏病、性病及艾滋病等会趁虚而入，危及生命。吸毒者停止吸食后，就会出现激动失眠、食欲不振、恶心呕吐、腹痛腹泻等症状，有些患者还出现肌肉疼痛、寒战、大汗淋漓，浑身起鸡皮疙瘩等现象，危及生命安全。

个体生命的毁灭必然祸及家庭，有一首歌谣描述道："烟枪一支，打得妻离子散，未闻炮声震地；锡纸半张，烧光田地房廊，不见火光冲天。"这是吸毒毁灭家庭的真实写照。吸毒者每日要花掉大量的金钱，且不说普通人家，就是那些腰缠万贯的大款，也不免倾家荡产。同时，毒品不但使人失去劳动能力，还会使人成为毫无人性的冷血动物。他们上不敬父母，下不抚子女，最终导致妻离子散，家破人亡，贻害后代。

吸毒与犯罪似一对孪生兄弟，成为诱发其他刑事犯罪和社会治安问题的温床。吸毒人员以贩养吸、以盗养吸、以抢养吸、以骗养吸、以娼养吸的现象严重，一些地区抢劫、抢夺和盗窃案件中60%甚至80%是吸毒人员所为。

（3）青少年吸毒原因分析

青少年正处于生理、心理发育时期，心理防线薄弱，好奇心强，判断是非的能力差，难以抵制毒品的诱惑，加之对毒品的危害性和吸毒的违法性缺乏认识，因此最容易受到毒品的侵袭。有人抱着"找一找吸毒的感觉""尝尝新鲜""吸一口不要紧"的心态开始尝试毒品，结果一发不可收拾，被毒魔死死缠住，不能自拔。

不良的家庭环境往往也能使青少年耳濡目染，染上毒品。除了家庭成员的吸毒行为造成青少年吸毒外，一些家庭父母离异、长期外出或者过分溺爱，也是导致青少年吸毒的原因之一。同时，社区的不良环境，使青少年容易接触到毒品，有的甚至落入毒品贩子设下的陷阱。因此，青少年千万不要存有侥幸心理而去尝试毒品！

有人以为摇头丸、K粉等属于娱乐药品，对身体危害不大。这种看法相当危险。新型毒品不仅成瘾性强，还能使人兴奋过度、出现幻觉、性冲动，造成行为失控，危害社会治安。长期服用新型毒品还会对脑细胞造成损害，造成记忆损伤和行为改变，损耗人的体力和免疫功能，损害内脏器官，严重者甚至死亡。所以我们千万要警惕新型毒品，不要涉足"迪厅"等娱乐场所。

（4）远离毒品

我们要知道什么是毒品；知道吸毒极易成瘾，戒断很难；知道毒品的危害；知道毒品违法犯罪受惩罚的后果。我们要增强自我保护意识，远离毒品出现频率较高的场所，如迪厅、网吧、酒吧、营业性舞厅等；不要在夜间出没成人的娱乐场所，更不要轻易接受陌生人的香烟及食品馈赠。我们要"珍爱生命"，树立起坚固的心理防线、行为防线和思想防线。要培养高雅的兴趣，丰富自己的生活，以化解自己内心因一时挫折而产生的郁闷，让生活充满阳光，从而避免毒品的侵袭。

青少年正处在身心发育的重要时期，不要盲目追求享受、寻求刺激，要珍爱生命，远离毒品，对一切有害于身心健康的行为坚决说"不"！

（5）禁毒任重道远

截止到2014年4月，我国登记在册的吸毒人员已经达到258万人。在全国新发现的吸毒人员中35岁以下青少年占75%，最小的年仅8岁。吸毒群体中有80%～90%是初中以下文化，低龄化现象也越来越普遍。吸毒给社会和个人带来了严重的危害，全国每年因吸毒造成的直接经济损失数千亿元，间接损失超过万亿元。

在党中央和国务院的高度重视下，全国禁毒部门统一部署，通力合作，深入开展了一场场禁毒战争，取得了明显的阶段性成果。2014年秋天开展的全国百城禁毒大会战中，共破获毒品犯罪案件10427起，打掉制毒窝点72个，缴获各类毒品9.14吨，查处吸毒人员55981人次。禁毒斗争任重道远。

4. 预防艾滋病

艾滋病的医学全称为："获得性免疫缺陷综合征"，英文缩写"AIDS"，是由人体感染人类免疫缺陷病毒即艾滋病毒(HIV)引起的免疫缺陷综合征。通俗地讲，艾滋病是一种造成人体免疫系统的损伤而导致免疫系统的防护功能减低、丧失，病死率很高的严重传染病。艾滋病是一个健康问题，也是一个社会问题，每一个人都有可能成为艾滋病的直接或间接受害者。艾滋病不仅危害个人生命，更会祸及家庭与社会。

（1）艾滋病离我们并不遥远

自1981年人类首次发现艾滋病以来，这种致命的疾病以惊人的速度在全世界范围内传播，把死神带到了世界的每一个角落，目前已成为人类生命的第五大杀手。据联合国艾滋病规划署报告，截至2014年年底，全球艾滋病感染者已经增加至4000万人，死于艾滋病的人已超过1400万。艾滋感染者的发病率每年以40%的速度增长。

截至2014年年底，我国累计报告现存活艾滋病病毒感染者和艾滋病病人为50万人。在所有艾滋病病毒感染者中约15%为15～24岁的年轻人，且年轻男性的感染率在上升。据《钱江晚报》报道，2014年前10个月，全国青年学生感染艾滋病2082例，比2013年同期增长59.1%。宁波在校学生中筛查发现艾滋病病毒感染者30多例，其中大部分是高校学生。由此可见，艾滋病离我们并不遥远。

近年来，随着社会经济的发展和艾滋病防治工作的不断深入，艾滋病疫情出现了一些新的情况：一是艾滋病疫情持续上升，中国现存艾滋病人数居全球第12位。二是性传播已成为主要传播途径，男性同性性传播上升速度明显。2013年的统计表明，同性性传播所占比例从2008年的6.1%上升到2013年的20.6%。三是局部地区和特定人群疫情严重。云南、广西、河南、四川、新疆和广东6省区累计报告感染者和病人数占全国报告总数的77.1%。

（2）艾滋病的传播

大多数感染了艾滋病病毒的人，在感染初期，身体状况与常人无异。问题是这些无症状的艾滋病病毒携带者是最主要的传染源。从艾滋病病毒携带者的外周血，精液，乳汁，脑脊液，唾液，泪液和其他体液中都可以分离到艾滋病病毒，且这种病毒具有很强的传染性。其传播途径主要有三种。

一是性传播。通过性行为在男同性恋者之间及异性间传播，也可通过人工授精传播。

二是血液传播。通过接受HIV感染者捐献的血液或器官，使用受HIV污染的血染液制品或与HIV感染者共用注射针头而被感染，此外，接触HIV感染者体液或HIV培养物的医务人员和实验人员存在感染HIV的职业危险性。

三是母婴传播。感染HIV者的母亲，可在子宫内或在分娩时将HIV传染给新生儿。

（3）青少年怎样预防艾滋病

消灭艾滋病需要全社会的共同努力，青少年责无旁贷。首先要远离毒品。吸毒会严重摧残吸毒者的身体健康，也是感染艾滋病的重要渠道之一，因此，我们必须远离毒品。其次，讲究个人卫生，不与他人共用牙刷、电动剃须刀、刮脸刀。不要文身或穿孔；不到消毒不严格的理发店、美容院理发或美容；不到不正规的诊所或街头游医处看病、拔牙、打耳孔，以免感染疾病。

遵守性道德，防止性侵害也是预防艾滋病的重要方面。我们要树立健康的性观念，遵守性道德，对自己的性行为负责，杜绝婚前性行为。不要阅读黄色书刊或浏览色情网站。在与人交往中，要善于保护自己，防止性侵害。同时，要以正确的方法调节自己的性冲动，顺利度过青春期。

（4）艾滋病的防治

艾滋病就像癌症一样是人类现在还没能攻克的一个难题，但是艾滋病跟癌症不同的一点就是艾滋病是完全可以预防的。只需要我们能从自身做起，洁身自爱，注意医疗细节等就可以得到有效的防治。

世界卫生组织将12月1日定为世界艾滋病日，是因为第一个艾滋病病例是在1981年此日诊断出来的。为提高人们对艾滋病的认识，世界卫生组织号召世界各国和国际组织在这一天举办相关活动，宣传和普及预防艾滋病的知识。世界艾滋病日的标志是红绸带。

我国《艾滋病防治条例》已经于2006年1月18日在国务院第122次常务会议上通过，并于2006年3月1日起施行。我国政府对艾滋病防治做出了"四免一关怀"的政治承诺。"四免"是对农村居民和城镇未参加基本医疗保险等医疗保障制度的经济困难人员中的艾滋病病人免费提供抗病毒药物；在全国范围内为自愿接受艾滋病咨询检测的人员免费提供咨询和初筛检测；为感染艾滋病病毒的孕妇提供免费母婴阻断药物及婴儿检测试剂；艾滋病病人的孤儿免收上学费用；"一关怀"是将生活困难的艾滋病病人纳入政府救助范围，积极扶持有生产能力的艾滋病病人开展生产活动，增加收入。加强艾滋病防治知识的宣传，避免对艾滋病病毒感染者和病人的歧视。艾滋病病毒感染者和艾滋病病人是不幸的，他们是疾病的受害者。社会的宽容、关怀与帮助能够成为他们与疾病斗争的精神支柱。

5. 预防青少年犯罪

当前，青少年犯罪问题日益严重。它不仅影响社会治安，更直接关系到未来国民的素质。有资料统计，近年来，我国青少年犯罪比例居高不下，占全部刑事案件立案的65%以上。尤其令人忧虑的是，14～18岁年龄段犯案率上升较快，而且平均犯罪年龄越来越小。犯罪类型多为侵犯财产型犯罪和性犯罪，主要表现形式有抢劫、盗窃、敲诈、伤害、强奸等，且团伙作案数量剧增。

造成这种状况的原因很多。经济利益的驱动，多元文化，尤其是消极文化的影响，包括充斥着暴力、色情、黑恶势力的影视及网络不良信息等，都成为侵蚀青少年身心健康的温床。家庭教育问题也不少，有的过于溺爱，有的放任自流。学校歧视性教育也产生了不良影响，一些学习有困难的学生被打入"另册"，导致其中的一部分人逆反心理加重，"破罐子破摔"，误入歧途。

青少年犯罪是一个社会问题，其产生的原因很多。我们更应加强家庭、学校、社会等各方面的联系，构成预防青少年犯罪的教育网络，形成整体合力，进行综合治理。

资源示例

孙某和牟某都已17岁，初中刚毕业。中考时两人都得了500多分。在等待升高中的日子里，两人相约去市区打工。在一家餐馆应聘时，两人同时被录用，但老板要求他们缴100元的押金。

正当孙、牟两人为之犯愁时，他们认识了同龄青年宋某。"搞不到钱，去抢呀！"在宋的怂恿下，孙、牟伙同罗某等人在某工厂家属区持刀抢劫两个夜行妇女。

虽然"首战告捷"，但孙某和牟某也被吓得够呛，"捏着匕首的手一直不停颤抖"。

不久，以宋某为首的抢劫团伙被警方摧毁，两名"学习尖子"也因为自己愚蠢的行为断送了自己的前程。据查，他们这个团伙作案多起，共抢得9台手机、3000多元现金以及雨伞、存折等物。而牟某、孙某两人总共只分到几十元钱。

"如果不是因为抢劫，两人的成绩都可进入市区内的重点高中。"据孙某、牟某所在学校的老师介绍。事情发生后，其家长和学校老师都感到"不可思议"，因为在他们印象中，这两个学生不仅成绩优异，而且也不是那种调皮的男孩。

教学建议

在我国青少年犯罪案例中，因为"一念之差"导致的犯罪比例并不算低。所谓"一念之差"，也就是"冲动性犯罪"。是指犯罪人在犯罪之前并没有实施犯罪的心理准备，这种犯罪往往是由于一时见财起意或一时情感冲动引发的。犯罪人在实施犯罪的时候没有去想后果，有的甚至根本没有意识到自己的行为是在犯罪。经验表明，这种犯罪的预防主要通过心理疏导来解决。比如引导有自卑心理的学生，增强自信心，充满信心地对待生活；引导有不良行为的学生，控制情绪，矫治劣习。善待学生，用爱心唤醒沉睡的生命。试结合上述案例，检讨青少年生活中的"一念之差"。

1. 曾经的"学习尖子"为何堕落为抢劫犯，其"一念之差"的主要原因是什么？

2. 这起案件给了我们哪些警示和教育？

3. 在个人生活中，如何防微杜渐，铲除"一念之差"滋生的土壤和基础。

第四节　法律为生命护航

法律所能保障的最重要的个人权利是什么？是生命权。的确，生命权是"不朽的自然法"赋予个人的绝对权利之一。生命对于每个人来说都只有一次。它是神圣的、宝贵的、不可侵犯的。更何况，青少年正处于身心成长期，自我保护的意识差，能力有限。在复杂的社会环境中，青少年合法权益和身心健康受侵害的事情时有发生。因此，我们必须学习法律知识，运用法律武器维护生命的尊严，保障生命的权益。

1. 法律是生命的护身符

人类社会需要某种力量与权威来维系正常的社会秩序，以保证同一个社会共同体内的人们能相安无事，共同发展。于是人类找到了法律这个武器。法律专家查庆九认为，"法律是一种最稳定、最可靠的力量与权威，它具有最普遍的约束力。"

作为社会的规范，法律意味着对个人自由和意志的某种束缚，如果没有法律，社会将会处于一种无序状态，每个人的自由、安全、权利随时都处在不确定、无保障之中。因此，亚里士多德认为，守法是一种"愉快"的负担。然而，受传统观念的影响，我们缺乏对法律发自内心的尊重与崇拜，缺乏自觉守法、自愿接受法律束缚的理性与勇气。历史的经验告诉我们，要建成法制社会，必须树立法律的权威，必须培育法律的传统。

法律是青少年生命的护身符。《中华人民共和国未成年人保护法》和《中华人民共和国预防未成年人犯罪法》是与未成年人健康成长密切相关的两部专门法律。我们要学法、懂法、守法、护法。我国法律规定，公民享有的生命健康权，不容他人侵犯。珍爱生命、维护健康既是我们的权利，也是我们对自己、对社会的义务。青少年既是社会的弱势群体又是民族的未来，其生命和健康受到法律的特殊保护。《中华人民共和国未成年人保护法》规定："侵犯未成年人的人身权利或者其他合法权利，构成犯罪的，依法追究刑事责任，虐待未成年家庭成员的，情节恶劣的，依照《刑法》规定追究刑事责任。"

近年来，校园伤害事故频发，已经成为一个突出的社会问题，比如暴力伤害事件、食品安全事件、校车安全事件、厌学轻生事件等。为此，国家加紧了法律体系建设步伐，旨在为青少年的生命安全和生活幸福保驾护航。据了解，在国家法律体系中，与校园伤害事故相关的法律就有近二十部。一部法律就是一部生命的护身符。比如我国首部《校车安全条例》的出台，从2010年9月出现重大校车安全事故，到2012年3月28日国务院通过《校车安全管理条例》，并公布施行，仅用了短短两年半的时间。我们生活于法治的时代，生活中法律无处不在；我们成长在法律的阳光里，法律呵护我们健康成长。

2. 法律赋予公民的生命权利

我国法律赋予公民多项神圣而不可侵犯的权利。人一出生就享有了

"生"的权利，它包括人格权、人身自由权、政治权利、宗教信仰自由、社会经济权利、文化教育权利，等等。人格权是基于自然人本身所固有的权利，它是公民的基本权利之一。它包括生命权、身体权、健康权、名誉权、姓名权、肖像权、隐私权、自由权等。人格权不得转让、抛弃、继承，也不受他人的非法限制，不与我们的人身相分离。生命健康权是人格权的重要组成部分，在公民的人权中居于首要地位。

《中国青年报》曾刊发《一审被判死刑还该不该重金抢救》的报道：犯罪嫌疑人王志兵因犯抢劫罪一审被判处死刑，在上诉期间，他的支气管炎病情急剧恶化，生命垂危。出于人道主义精神，看守所将王志兵送往医院紧急救治，并承担了数万元的医疗费用。

对此，很多人表示不理解。认为，对于一个已经被剥夺了生命权的死刑犯，任何宽大政策和优待措施对他来说都已丧失意义，国家投入大量的社会公共资源挽救其生命，似乎是在浪费纳税人的金钱。但看守所认为，虽然一审被判决死刑，但尚处于上诉期间的被告人还未被认定为罪犯，即便他是十恶不赦的死刑犯，在终审判决前的羁押期间，他只是被限制人身自由的刑事被告人而非罪犯，所以可享有同普通公民一样的生命健康权。

（杨亮庆）

公民的人身自由权，是指公民的人身和行动由自己支配和控制，非经法定程序不受逮捕、拘禁、搜查和侵犯的权利。它包括公民的人身自由不受侵犯、公民的住宅不受侵犯、公民的通信自由和通信秘密受国家法律保护等。公民的人身自由权是我们参加各种活动、充分享受其他权利的基本保障。

公民的政治权利是指公民依法享有的参加国家政治生活的权利。具体包括选举权与被选举权，言论、出版、集会、结社、游行、示威的自由；对国家机关和国家工作人员提出批评、建议的权利，对其违法失职行为有向国家机关提出申诉、控告或者检举的权利。

宪法规定我国公民有宗教信仰自由，任何国家机关、社会团体不得强制公民信仰宗教或者不信仰宗教，不得歧视信教或不信教的公民。

社会经济权利指公民享有的经济生活和物质利益方面的权利，包括财产权、继承权、劳动的权利、休息的权利、获得物质帮助的权利。

文化教育权利指公民拥有受教育的权利，进行科学研究、文艺创作和其他文化活动的自由等。

中小学学生应该享有哪些基本权利呢？北京市著名律师佟丽华在《未成年人法学》一书中，为我们列举了学校生活的18种权利：①受教育权；②生命权、身体权、健康权；③身体自由权和内心自由权；④肖像权；⑤名誉权；⑥隐私权；⑦财产受到管理、保护权；⑧独立财产权；⑨生活获得照顾权；⑩民事活动代理权；⑪休息娱乐权；⑫获得良好的校园环境权；⑬拒绝乱收费的权利；⑭拒绝不合理劳动权；⑮拒绝不合理校内外活动权；⑯荣誉权；⑰著作权；⑱平等对待权。

3. 践行法律对生命的责任

现在，我们国家的法律体系越来越完备。每一个公民都应该知法、守法，并能够运用法律武器保护自己的合法权益。这既是我们的权利，也是我们对自己、对家庭、对社会的义务。

运用法律不是一件简单的事，我们必须从培养基本的法律意识开始，进而自觉地学法、用法，锻炼自己的法律实践能力。生活中这样的小故事很能说明问题。

一天，邵武市四中初二学生小邱到某食品店买了一瓶娃哈哈营养快线饮料，喝完后不久，腹内隐隐作痛，并恶心呕吐。小邱怀疑饮料有问题，他决定探个究竟。第二天，小邱又到该店买了一瓶同样的饮料，当场打开，发现乳白色的液体里面居然有虫状异物。小邱立即向商家说明，前一天因喝了这种饮料，出现不良症状，要求商家赔偿其受到的伤害。开始，商家矢口否定，拒不承认所卖饮料有质量问题。在现场围观群众的压力下，商家从箱中抽出一瓶同样的饮料，当众打开以证清白。不料，瓶内同样出现虫状异物。尽管如此，商家仍然不肯认错，并以种种理由拒绝赔偿。

自救不行，那就请12315执法人员来解决。于是，小邱拨通了12315投诉电话。工商执法人员接到投诉后迅速来到现场。小邱向执法人员说明事情的经过，并向执法人员提供了物证、人证。在事实面前，商家才承认这批娃哈哈营养快线饮料确实存在质量问题，并当场向小邱赔偿损失费500元。小邱维护自己的消费权益的故事，很快被同学传为佳话。

在践行法律的实践中，人们对于刑事犯罪和责任事故所造成的对青少年生命权益的侵犯界定容易，维权顺利，而对于那些介于法律与道德之间的责任事故所造成的对青少年生命权益的侵犯行为界定难，维权也难。比如，在"高标准、严管理"的幌子下，学校对学生的讽刺、体罚与歧视，不仅会给学生造成身心伤害，严重的甚至酿成伤亡惨剧。2010年10月9日，山东临沂市某中学七年级女生年仅13岁的张某，因为不符合学校"短发令"要求，三次被赶出校门，最后在家里喝下农药自杀。无独有偶。2012年4月13日晚19点30分左右，山东东营市某中学八年级一班14岁的女生李某，拒绝执行"短发令"，从自家五楼的窗户跳下，永远地离开了爱她的父母。不可否认，对发型的要求，有其教育上的合理性。然而，在很多学校，统一发型却并没有承担这种教育的功能。"发型权"仅仅体现了一种话语权和控制权。剪短发是学生对学校和教师权威的认可，蓄长发则无疑是对师道尊严的挑战。从这个意义上说，长发短发无关学习、无关个性。我们在反思学校行为的同时，似乎更多地需要考虑如何引导学生运用法律的武器，维护自身的合法权益。

2011年10月，陕西西安未央区某实验小学老师称学习、思想品德表现稍差的学生没有红领巾，为激励其上进，学校为部分学生佩戴绿领巾。但家长并不认可这一做法，甚至反感。绝大部分人认为，这是对孩子们的侮辱和歧视，不仅起不到激励作用，相反会大大伤害孩子们的自尊心和自信心。由此可见，践行法律对生命的责任，有必要检讨我们的教育思想与行为，千万别由于"好心"而伤害了我们呵护的对象。因此，我们要增强法律意识，提高明辨是非的能力。要弄明白什么是违法、什么是犯罪，自己不做违法犯罪的事情，同时制止他人违法犯罪。我们要教育学生：一旦有侵害自身合法权益的行为发生时，要及时拿起法律武器与之斗争，并寻求保护。

近年来，我国未成年人被性侵案件呈逐年上升趋势，尤其是农村留守儿童成为性侵害的主要受害者。它给家庭与社会带来不安，尤其给女性青少年的身心带来巨大伤害和影响。2013年9月3日，中央电视台《新闻1+1》以"防性侵，重要的第一课"，强调解决未成年人遭受性侵害问题，首先需要社会、学校和家庭的共同努力，营造一个没有性侵害的生存环境；其次，是提高青少年自我防范意识和自我防卫能力，避免遭受性伤害。

自尊自爱，预防性侵害事件发生。加强学习，提高自己的道德修养和审美情趣；严格遵守学校的规章制度和作息时间；穿着得体合宜，不要过于暴露；上学和放学的路上保持警惕，注意安全，避免走僻静的路线；独自在家时，拒绝让陌生人进入屋内；不要与言语污秽、品行不良的人交往，更不可贸然赴约；出门前尽可能将目的地、预定回家时间、约会对象等情况告诉家人或朋友；与人共进餐宴时，不要喝酒；与人独处时，发现其心怀不轨，要迅速离开。

危险来临时，沉着冷静，机智处理。当遭受性骚扰时，要及时保留物证并报警。一旦遭遇不法分子侵害时，首先要冷静，不能惊慌失措，不能丧失信心。有能力将其制服时，要勇敢地同其搏斗；如果没有能力将其制服，要尽量采取呼救、周旋等方法，以便安全脱险。

遭受伤害后，维护尊严，医治创伤。一旦不幸遭受性侵犯，应及时向司法机关求助，用法律保护自己。在配合司法机关追究犯罪分子责任的同时，受害者可以通过自我调适、及时与亲属朋友沟通交流，消除自己心灵上的阴影，必要时，还可到专门机构接受心理治疗。

为了提高青少年法律维护权益的兴趣与能力，学校普遍开展了形式活泼，学生喜闻乐见的学法用法实践活动，如"模拟法庭""重点案例剖析""以案说法"等；社区则通过图片展览、法官讲座、知识竞赛、青少年自护自救训练营等法律主题活动，寓教于乐，提升了广大青少年的法律意识。

4. 明确生命的权利与义务

法律赋予了生命各种权利，在一个依靠分工协作才能生存和发展的种群里，权利与义务对每个生命而言都是无法分割的，不能享受任何权利的生命将意味着死亡，只要权利而不想承担任何义务的生命，将被种群所抛弃，其最终结果也是死亡。人类社会更是如此，不存在无义务的权利，也没有无权利的义务。

权利与义务的一致性，是我国宪法和法律的一个重要特点。我国宪法和法律规定，保护公民的人身权利、民主权利和合法的经济权益，免受任何人、任何组织的非法侵犯。同时，宪法和法律又严格规定公民必须遵守宪法和法律，如遵守劳动纪律、遵守公共秩序、尊重社会公德、纳税等义务。这些都充分体现了权利与义务的统一。

作为中小学生，我们在依法享有一些权利的同时也必须承担相应的义务。在校期间，我们享有参加学校的各种教育、教学活动，使用学校提供的教育、教学资源的权利；享有参加校内组织、学生团体及文娱、体育活动的权利；享有在思想品德、学业成绩等方面获得公正评价的权利；享有对学校给予的处分或处理有异议，并向学校或教育行政部门提出申诉的权利，等等。同时，我们也必须依法履行一些义务，比如遵守宪法、法律和法规；遵守学校管理制度；努力学习，完成规定的学业；遵守学生行为规范；尊敬师长；养成良好的思想品德和行为习惯等义务。

5. 做遵纪守法的合格公民

青少年是祖国的未来和希望，是新世纪法治社会的建设者和接班人。这一光荣使命对我们青少年法治精神的培养提出了更高的要求。那么，一个法治国家的合格公民到底应该具备哪些法治品格呢？

平等的观念。所谓"平等观念"，指的是人与人之间生命价值的平等、思想尊严的平等、社会机遇的平等和政治权利的平等。由于种种原因，现在人与人之间存在着许多事实上的不平等，但是，这些事实上的不平等不应该成为我们放弃平等观念的理由。

自由的精神。自由不是为所欲为，它的本质在于生命的内在超越性。自由意味着要摆脱金钱、荣誉、地位和权力的诱惑，摆脱权威对个性的压迫和束缚。自由是现代法治精神的核心与灵魂。它是法治的起点，也是法治的终点。

宽容的态度。伏尔泰说："我坚决不同意你的观点，但我誓死捍卫你表达自己观点的权利。"这就是法治社会所蕴含的宽容精神。宽容，就是要允许别人跟自己不一样：不一样的思想，不一样的个性，不一样的生活方式，等等。

守法的品格。守法，是现代法治国家对公民的起码要求，也是一个公民的基本行为准则。守法，就是遵守国家法律和各项规章制度。我们要从民族振兴的高度来自觉塑造自己的守法品格，使守法成为自己的一种追求、一种信仰、一种时代的品格。

 **资源示例**

一天，陈刚放学后来到一家书店，当他跨进书店的大门时，发现旁边

出口的警报器突然响个不停，陈刚不知出了什么事，回头一看，发现一个正往门外走的女孩被一名保安员拦住了。保安员要那女孩把包里的东西全部掏出来检查。开始，那女孩还有点反抗的意识，可在保安员的强烈要求下，还是被逼无奈，把包给了保安员。大家都像看贼一样看着她，小女孩脸憋得通红，眼里含着泪水。可包里没有发现任何"赃物"。保安员让那女孩再走一遍，这次铃没再响，保安员疑惑地想了好一会儿，拍了拍那爱瞎嚷嚷的警报器，让那个女孩离开了。

陈刚在书店里遛了一圈，没有看到自己喜爱的书便往外走。不料走到门口，"嘟——嘟——嘟！"那该死的警报器又一次响了起来，警报器的红灯就像通红的大眼睛盯着他大叫着："你偷书啦！"陈刚看到保安员向自己走过来，摆明了是想像对刚才的那个女孩那样，要搜搜他的包。开始陈刚还很不在意，想："搜就搜呗，反正我也没拿书！"

这时，陈刚脑海里闪现出老师的话："我们在生活中要学会用法律来做捍卫自己权益的武器，没有充分理由擅自搜查别人的私有财产是违法行为！"陈刚想，刚才那个女孩走过去时报警器不是也"乱叫"了一番吗？这次是不是也是因为报警器坏了呢？陈刚冷静下来，向保安员笑了一下，飞快地跑回去从书架上取下一本《中华人民共和国宪法》翻给保安员看，并说："不管是搜身还是搜包，我都拒绝。"说完就从出口走了出去，这回报警器倒是安静了下来。保安员尴尬地看着陈刚走出门去了。

教学建议

青少年正处于长身体、长知识的重要时期，各方面都很不成熟，缺乏自我保护意识和能力；同时，由于社会环境复杂，存在着很多不利于青少年健康成长的因素，青少年合法权益和身心健康受到侵害的现象时有发生。因此，我们除了树立安全第一的防护意识和学习一些必要的自救知识外，还必须运用法律的武器来维护生命的尊严，保护好自己的生命财产安全。

1. 想一想，案例中，保安员对待女孩的态度反映了怎样的社会现实？

2. 你从陈刚同学的行为中，看到了什么？你受到了怎样的启发？

第五节　丰富人生的智慧

人生的智慧是什么？德国著名哲学家阿·叔本华认为："人生智慧就是如何尽量幸福、愉快地度过一生这样一门艺术。"要成全生命，为幸福人生奠基，我们必须认真学习"人生的智慧"这门艺术，丰富自己的人生智慧。

1. 人生的智慧从哪里来？

人生智慧是由人的智力体系、知识体系、方法与技能体系等构成的复杂系统。它是对事物能迅速、灵活、正确地理解和解决的能力。生命智慧是人生存与生活的基础，没有它，人们就难以在现代社会中生存与发展。

人生智慧首先来自于学习。书籍是知识的海洋，是人类智慧的结晶，因此，向书本学习，成为我们吸取知识营养，提炼知识精华，步入智慧殿堂的一条捷径。在崇尚知识的今天，知识就是智慧，知识就是财富。

人生智慧离不开实践与创造。因为实践，才有了知识；因为实践，才有对原有知识的否定，才有进一步的创新，这才是最根本的智慧。这种智慧不是人们凭空想象出来的，是思考、模仿和创造的结果。俞敏洪办"新东方"就是一个非常典型的例子。他在北京大学西语系毕业后，留校当了7年老师，之后又在别人的培训机构做了两年多的培训教师。在这期间，他反复观察别人是怎样招生、怎样管理老师、怎样联系场地的。最后他整合、分析这些信息，才制定出了自己未来的发展计划，于是才有了"新东方"。他说，正是因为有了在北京大学教书的经验和在培训机构工作的经验，我才更加理解学生、理解教学这个职业，也深层次地理解了培训机构的运行模式。在实践中积累人生智慧，在创造中提升人生智慧，生活中这类例子实在太多了。由此可见，我们每个普通人手中都掌管着开启智慧的金钥匙。

周国平在谈及智慧与知识的关系时，说过这样的话："知识关乎事物，智慧关乎人生。知识可以传授，智慧无法转让。"从这里，我们可以领悟到智慧之于人生的价值。

有这样一个关于寻求智慧的故事。

一位年轻人拜访贤人，寻求智慧。

"年轻人啊，随我一起来。"贤人这么说着，默默地向附近的一个湖泊走去。

走到湖边，贤人毫不犹豫地跨进湖里，向湖的深处走去；年轻人无奈，只好跟随在贤人后面。

湖水渐渐深起来，水漫到年轻人的脖子，可是贤人毫不介意年轻人那恐怖的目光，向湖泊的更深处走去。水终于没到了年轻人的头顶。不久，贤人又默默地转回身，回到湖岸边。

上岸后，这位贤人拉住年轻人问："潜入水下时，你有何感觉？除了想上岸之外，还考虑到别的事吗？"年轻人立即答道："我只想得到空气。"

贤人慢慢地训谕道："正是如此啊！要想求得智慧，就要像沉入水下时想得到空气一样强烈，才能获得啊！"

是的，人人都想拥有超人的智慧，可是却没有几个人能像沉入水下时想得到空气一样强烈地追求智慧。这就是为何真正拥有智慧的人总占少数的原因。

人生智慧还来自于对理想的追求。俞敏洪以创建"新东方"为例，解析了自己的生存智慧。他说，如果当初只想赚点讲课费，"新东方"现在也只是一个小小的培训学校，但我想把"新东方"做成中国有影响的民营教育品牌。于是才有了"新东方"在美国上市融资、引导世界各地的教育基金进入中国，支持民办教育发展这样的新局面。他主张，人不管在任何情况下，都不能放弃理想，要渴望成长。他说：人有两种活法，一种是像草一样活着，一种是像树一样活着。同样都是活着，可是草长不大，不容易被人看见，容易被践踏；而树必然会长大，哪怕只是一粒树种，它也会努力吸取泥土中的养分，慢慢长成参天大树。它带给人们的不仅是一片绿荫，更是一道美丽的风景。树，活着是美丽风景，死后依然是可用之材，这就是渴望成长的本质意义。

2. 人的内在拥有才是关键

叔本华认为，决定凡人命运的根本差别有三项。第一，人的自身，即属于人的个性的东西，它包括人的健康、力量、外貌、气质、道德品格、精神智力及其潜在发展；第二，人所拥有的身外之物，即财产和其他占有物；第三，一个人向其他人所显示的样子，即人们对他的看法，如名誉、地位和名声等。[①]

在叔本华看来，人的自身比起财产和他人的看法更具有压倒性的优势。无论在任何年龄阶段，人的内在拥有对人的幸福才是最关键的。人的内在拥有，也就是一个人的主体的美好素质，包括高贵的品格、良好的智力、愉快的性情和健康的体魄。人的这些美好素质才是一个人真正、直接和持久的幸福源泉，我们应该多加注意保持和完善。随着岁月流逝，大自然赋予人们的力量和能力一部分将会消失，但是思想能力却得以继续保持。其他的，譬如财富之类，则只能间接发挥作用，对我们的幸福帮助不大。在现实生活中，很多有钱人非但不快乐，往往还会因为财富过多而操

---

① [德] 叔本华著，韦启昌译：《人生的智慧》，上海，上海人民出版社，2014年4月。

心劳碌，失去了闲适的生活。至于我们存在于他人心目中的样子，全由他人主观决定，对我们的幸福无关紧要。对于别人评价的在乎，是人类一种非常普遍的人性弱点，我们应该抑制这一弱点，无论其评价是爱抚还是伤害，我们应该尽量淡化对他人评价的敏感程度，避免成为他人看法和意见的奴隶。

按说，我们存在的基础首先是自身条件，其次才是外在物质条件，再是荣誉、地位、名声。但现实生活的实际情况却并非如此。人们往往将这三者的主次关系给颠倒了，而把名誉、地位和名声放到了十分显眼的位子，制造出"名誉高于生命"的氛围，误导了人们的价值取向。比如，公务员追逐官位、企业老板追逐利润、校长追逐升学率、学生追逐考试高分，等等。人们追名逐利，生命不息，奋斗不止，目的就是为了让别人刮目相看。更有人，为了身后的荣誉，不惜贪赃、枉法，出卖灵魂，牺牲个人安宁、良心、健康，甚至生命。"只要学不死，就往死里学""生时何必久睡，死后自会长眠""提高一分，干掉千人"，这些悬挂在高中学校备考现场的标语口号，正是这种"名誉高于生命"的价值取向对青少年的一种误导！

为了外在的荣耀、地位和名声而部分或全部奉献出自己的内在安宁、闲暇和独立，这是人类极其愚蠢的行为。珍视、保持和完善个人的个性及其价值，不断提升生命主体内在素养，增强自信心，才是丰富生命智慧的唯一选择。

3. 开发生命的潜能

生命科学研究发现，人的生命有着巨大的潜能。一个人如果能够发挥一半的大脑功能，就可以轻易学会40种语言、背诵整本百科全书、拿12个博士学位……著名心理学家奥托指出，一个人所发挥出来的能力，只占他全部能力的4%。也就是说，人类只利用了个体身心资源很小的一部分，还有96%的能力尚未发挥出来。因此，有效地开发自身智力潜能，将极大地丰富人生的智慧。

人的潜能可分为生理潜能和心理潜能两大部分。人的生理潜能包括体力潜能和智力潜能。人的生理潜能往往受生理遗传因素或身体锻炼水平的影响，开发空间相对较小。人的心理潜能包括性格、气质、能力、知识、兴趣、品质、价值观等多方面，其开发空间巨大。心理潜能的开发核心就在于充分发挥人脑的潜力。在人的生命潜能中，有一种不容忽视的生命的张力。因为人的生命总是指向未来的，是这种潜在的扩展力，引领着生命潜滋暗长。尤其是当人们遭遇困厄的境遇时，人所特有的这种本质力量，就会像蕴藏在铀原子核里的巨大能量因裂变而被释放一样，会冲破压力，表现出不可抗拒性，彰显出生命的坚韧与顽强。生命的张力是生命中潜在的正能量，蕴含着人坚强的意志、坚毅的精神、顽强的毅力、凌云的气概等诸多优秀品质。

生命的张力是一种攀升的藤在树缝里追寻阳光的力，一种执着的松在岩隙里寻觅土壤的力，一种坚韧的沙棘在荒漠里渴求水分的力！它让生命超越极限，成就自我。生命的张力有着巨大的价值意义，唯生命本身才能与之匹敌。有了生命张力，人就能保持一种积极进取的人生态度，让人的生命价值得以彰显，人的尊严得到捍卫！

人人都有无限的生命潜能，只要肯坚持、善开发，我们就能在自己身上发现并且创造生命的奇迹。一个人只要有恒心、有毅力、有信心，就能够做成很多看起来做不到的事情。因此，当我们在生活中遇到挫折时，在困难中失去信心时，不要忘了动用自己的生命潜能。充分发挥个人潜能优势往往可以收到出奇制胜的效果。

4. 智慧成就幸福人生

我们无法选择出生的环境，更不能选择生身父母，但是我们可以通过后天的努力，让自己成为一个身心健康、充满智慧的人。人的天赋、知识、际遇和能力等可能各不相同，但是，拥有了智慧，即使不能像太阳那样光彩夺目，我们也可能像月亮一样宁静安详，拥有幸福的人生。

智慧能使人全面而深刻地把握生活的真谛。自古以来，人们对幸福生活的理解并不一致。有人重物资生活质量，有人侧重精神生活质量。一个有智慧的人则具有正确的观念、丰富的知识、卓越的能力和优良的品质，因而能正确理解幸福生活的内涵，把握幸福的实质和各方面的要求。这样的人不会对幸福作片面的、肤浅的理解。他不会把幸福理解为对物质的占有，因为物质的一定占有只是幸福的条件，占有再多物质也不意味着一个人生活幸福。在智者看来，幸福是一种理想，这种理想对于人生具有根本性的导向和激励作用，人们在追求理想的过程中享受着幸福。因此，有智慧的人的幸福观是全面的、深刻的，他把握着生活的真谛，追求着人生的幸福。

智慧能使人在追求幸福的过程中处理好各方面的关系。人生面临诸多关系，如个人与组织的关系、个人与他人的关系、眼前与长远的关系、局部与全局的关系、现实与理想的关系、奋斗与享受的关系、满足物质需要与满足精神需要的关系，等等。处理好这些关系，人们才能获得幸福。智慧是一种综合协调的能力，也是一种综合协调的思维方式，它能着眼于人生存和发展的根本的、总体的需要来对待和处理这些关系问题，整体观照，能将所有这些关系问题纳入到如何有利于幸福的实现中来思考和解决。同时，有智慧的人对他人是真诚和直率的，其德行也为他们处理好这些关系特别是人际关系问题奠定了良好的基础。

资源示例

《安妮日记》是一本13岁的犹太少女安妮在二战中留下的个人日记。日记真实地记录了安妮与家人以及其他四位犹太人，为了躲避德国纳粹的迫害，被迫躲进密室长达两年的生活点滴。密室中的安妮失去了自由，没有朋友，只能把日记本当作知己，向它倾诉密室中的生活：对纳粹的仇恨，对战争的恐惧，对藏匿生活的无奈，以及对自由生活的向往。即使身陷困境，安妮仍怀有无限希望与梦想，她渴望成为作家，并希望战后能将作品出版。安妮说："我常常沮丧，但从不绝望，我把这段躲藏的生活看作有趣的冒险，它仅仅是趣味生活的美丽开端。"安妮犹如一支小小的蜡烛照亮了黑夜，温暖着心灵。她是崩塌的生活中开出的一朵智慧生命的奇葩。1944年8月，安妮遭人告发而被关进集中营，15岁时病死在集中营里。二战结束后，安妮的父亲将《安妮日记》出版，随即被译成55种文字，全球发行超过三千万册，成为二战后影响世界的百部好书之一！

教学建议

长时间生活在恐惧与羞辱中，人的精神是很容易崩溃或堕落的。但安妮凭借着她的聪明、智慧与丰富的内心世界，非但没有被击溃，反而思考了很多有关青少年健康成长的问题。《安妮日记》作为一本生活在阳光下的少男少女们不容错过的好书，为我们提供了丰富生命智慧的学习经典。

1. 阅读《安妮日记》一书，有条件的学校可以引导学生欣赏影片《安妮日记》；然后，讨论"安妮的生命智慧及其对青少年成长的借鉴意义"。

2. 引导学生思考与讨论：当代青少年的生命困惑与生存智慧？

第五章
生命技能与智慧（下）

> 希望是附丽于生命的存在的，有存在，便有希望，有希望，便是光明。
>
> ——鲁 迅

近些年来，安全工作成为了中小学的头等大事。于是，安全教育也就成了中小学生命教育的重中之重。中小学生的生命安全隐患来自五个方面：一是饮食卫生与安全事故；二是交通与运动安全事故；三是水、气、煤、电使用不当引起的安全事故；四是校园暴力、敲诈、绑架、恐怖袭击引起的安全事故；五是自然灾害引发的安全事故。权威调查表明，溺水、交通事故、建筑物倒塌、食物中毒等仍然是近年来校园安全事故的主要原因。

中国青少年研究中心孙云晓认为，80%的学校意外伤害事故可以避免。导致悲剧发生的一个重要原因，是青少年欠缺安全防卫知识，自我保护能力弱，因此对少年儿童进行安全教育非常必要。人的安全能力和素养来源于生活的认知与实践，因而，在安全教育中，我们要克服安全教育说教为主，形式单一的弊端，突出实际操作和现场演练，引导学生强化安全意识，掌握安全知识，培养安全行为习惯，提升安全实践能力，让安全为幸福人生护航。

为了给青少年营造一个安全的学习生活环境，让其平安、健康、幸福地成长，党和政府高度重视，并采取了一系列重要措施。2010年5月，公安部出台"关于加强校园安全保卫工作的精神"文件；2012年4月，国务院颁布《校车安全管理条例》；2013年3月，教育部印发《中小学校岗位安全工作指导手册》。这些举措为改善中小学校园安全环境创造了条件。我们要根据各地实际情况，建立健全学校安全工作机制，有效开展生命安全教育，让学校成为最安全的地方。

第一节　食品安全与公共卫生

食品安全关注的是食品的成分、功能、免疫以及遗传等方面的安全与质量，以确保人民大众的身体健康；公共卫生关注的是重大疾病尤其是传染病、突发公共卫生事件的预防、监控和医治；食品、药品、公共环境卫生的监督管制，及其卫生宣传、健康教育、免疫接种等，目标也是人民大众的身体健康。食品卫生是公共卫生领域一项非常重要的内容，两者互为因果，与我们每一个人的身心健康密切相关。

1. 食品安全

（1）食品安全形势严峻

学校食品安全关系广大师生的身心健康，关系社会和谐与稳定，关系国家和民族的未来。所谓食品安全，是指食品无毒、无害、符合应当有的营养要求，对人体健康不造成任何急性、慢性和潜在性的危害。但最近几年，中国食品安全事件频频发生，从苏丹红到瘦肉精，从三聚氰胺婴儿奶粉到嗑药的多宝鱼，从染色馒头到地沟油……食品问题引起了人们的广泛关注，更引起了人们对学校食品安全的思考。

《中华人民共和国食品卫生安全法》指出，所谓食品安全事故，是指食物中毒、食源性疾病、食品污染等源于食品，对人体健康有危害或者可能有危害的事故。学校作为食物中毒多发区，应该引起各方面的高度重视。据报载，2011年我国中小学学校食物中毒事件，曾经出现过井喷的势态，可谓触目惊心！

2011年3月3日上午，宿州萧县一所封闭式小学学生食用过期方便面后，数十名学生出现不同程度的肚痛、腹泻等症状；

2011年3月8日晚，安徽亳州一中学生在校外就餐后，出现中毒症状，初步诊断为亚硝酸盐中毒；

2011年3月20日，滁州市乌衣中学17名高三学生在食堂吃过午餐后，集体出现腹痛腹泻、面红和头晕症状；

2011年4月13日，江苏无锡市惠山区两所中学有部分学生在餐后，出现恶心、呕吐、腹泻、发烧症状；

2011年4月15日，广西罗城仫佬族自治县黄金镇寺门小学26名小学生在食用了路边摊的"白糕"后，出现头晕、呕吐；

2011年5月12日，安徽宣城市泾县一所小学14名学生在学校食堂进餐后，发生呕吐；

2011年9月4日，河北省唐山市玉田县育英小学在学校食堂就餐后，14名学生出现高烧、呕吐、腹泻等疑似食物中毒症状；

2011年9月4日，河北省隆化县章吉营中学135名学生饮用学校自备水后，出现腹泻征兆，怀疑水源污染；

2011年9月20日，贵州桐梓县茅石乡中学34名学生食用学校食堂发的月饼后，出现不适；

2011年10月10日下午，太原市新晓双语小学学生就餐后，共有141名学生出现发热、恶心、呕吐、腹泻等症状。疑为食源性的胃肠道感染。

近年来，中小学食品中毒事件有所减少，但还是时有发生。2014年3月19日，云南省丘北县平龙村佳佳幼儿园发生疑似食物中毒事件，32名儿童送县医院救治，其中两名女童抢救无效死亡。同年5月26日，山东曹县庄寨镇博达小学数十名学生在校晚餐后出现肚子痛、拉肚子、呕吐等症状，疑似学生食物中毒，所幸无伤亡报道。国家卫生计生委办公厅通报指出，2014年学生食物中毒事件的报告起数、中毒人数和死亡人数分别占全年食物中毒事件报告总起数、中毒总人数、死亡总人数的22.5%、38.6%和3.6%。其中26起事件发生在集体食堂，中毒1754人，占学生食物中毒人数的80.4%，无人员死亡。与2013年相比，学生食物中毒事件的报告起数和中毒人数分别增加28.6%和15.1%，死亡人数增加2人。

2015年1月12日，江西彭泽县新星学校小学部，部分学生出现呕吐、腹泻、发热症状等疑似食物中毒事件，38名小学生住院接受治疗。

2015年6月18日中午，辽宁省辽中市立人学校数百名学生在学校食堂就餐后，发生头疼、恶心、呕吐等症状，发烧不退，疑似食物中毒……

（2）把好食品制作关口

面对食品安全的严峻形势，我们除了从管理层面杜绝事故的发生外，在学校普及预防食物中毒知识，树立食品安全意识，也是一件至关重要的工作。

Ⅰ．细菌性食物中毒的预防。预防细菌性食物中毒，应从防止食品受细菌污染、控制细菌繁殖和杀灭病原菌三方面采取措施。

第一，避免污染。即避免熟食受到各种致病菌的污染。如：避免生食品与熟食品接触、经常性洗手、接触直接入口食品应消毒手部、保持食品加工操作场所清洁、避免昆虫和鼠类等动物接触食品。

第二，控制温度。即控制适当的温度以保证杀灭食品中的微生物或防止微生物的生长繁殖。如：加热食品应使中心温度达到70℃以上；贮存熟食品，要及时热藏，使食品温度保持在60℃以上，或者及时冷藏，把温度控制在10℃以下。

第三，控制时间。即尽量缩短食品存放时间，不给微生物生长繁殖的机会。如：熟食品应尽快吃掉；食品原料应尽快使用完。

第四，清洗和消毒。这是防止食品污染的主要措施。对接触食品的所有物品应清洗干净，凡是接触直接入口食品的物品，还应在清洗的基础上进行消毒；一些生吃的蔬菜水果也应进行清洗消毒。

第五，控制加工量。食品的加工量应与加工条件相吻合。食品加工量超过加工场所和设备的承受能力时，难以做到按卫生要求加工，极易造成食品污染，引起食物中毒。

Ⅱ．常见化学性食物中毒的预防。一般分类为四类。

一类农药引起的食物中毒。蔬菜粗加工时以食品洗涤剂（洗洁精）溶液浸泡30分钟后再冲净，烹调前再经烫泡1分钟，可有效去除蔬菜表面的大部分农药。

二类豆浆引起的食物中毒。生豆浆烧煮时将上涌泡沫除净，煮沸后再以文火维持煮沸五分钟左右，可使其中的胰蛋白酶抑制物彻底分解破坏。应注意豆浆加热至80℃时，会有许多泡沫上浮，出现"假沸"现象。

三类四季豆引起的食物中毒。烹调时将四季豆放入开水中烫煮10分钟以上再炒。

四类亚硝酸盐引起的食物中毒。加强亚硝酸盐的保管，避免误作食盐使用；腌制肉制品时，所使用的亚硝酸盐不得超过《食品添加剂使用卫生标准》。

（3）确保个人饮食安全

保证个人饮食安全，我们要切实做到两点：一是养成良好的饮食习惯，防止"病从口入"；二是远离不安全食品，提高识别假劣食品的能力，培养安全消费意识。

具体措施有六点：①讲究个人卫生，养成饭前便后洗手的良好习惯；②不用不洁容器盛装食品，自己用过的餐具要洗净消毒，不乱扔垃圾，防止蚊蝇滋生；③购买食物时，不买"三无"产品。要注意食品包装上有无生产厂家、生产日期，是否超过保质期，食品原料、营养成分是否标明，有无QS标识等；④打开包装食品时，要检查食品是否具有其应有的感官性状，发现腐败变质、油脂酸败、霉变、生虫、污秽不洁、混有异物、性状异常的食品不能食用；⑤不到校园周边无证摊贩处用餐，不饮生水，少喝冷饮，少吃冰冻食品；⑥多吃新鲜水果、蔬菜、含蛋白质高的食物，少吃油炸食品等。

2. 公共卫生安全

公共卫生是关系到一个国家或一个地区人民大众健康的公共事业。它包括对重大疾病尤其是传染病，如结核、艾滋病、SARS等的预防、监控和医治；对食品、药品、公共环境卫生的监督管制，以及相关的卫生宣传、健康教育、免疫接种、精神疾病救治与康复指导等。

"非典"是我国进入21世纪后遇到的第一次全球性公共卫生危机。这种死亡极高的"非典型肺炎"所造成的猜测、疑惧和恐慌，比病毒本身蔓延得更快，一时间，全国笼罩在一片恐怖的阴云之中。

非典发病的高峰期，一天新增非典患者180名。从2002年11月16日，广东佛山发现第一例SARS病例，到次年7月，全国日发病人数零报告。全国人民经过8个多月艰难拼搏，积极应对，才控制了"非典"疫情，赢得了这场没有硝烟的战争。

禽流感是由禽流感病毒引起的一种急性传染病，能在人群中传染。人感染禽流感后，症状主要表现为高热、咳嗽、流涕、肌痛、肺炎等，严重者会出现心、肾等脏器衰竭导致死亡，其死亡率约为33%。据《长沙晚报》报道，1997年，在我国香港地区，高致病性禽流感病毒H5N1型导致了18人感染，6人死亡，首次证实高致病性禽流感可以危及人的生命。从此，禽流感就像幽灵一样徘徊在香港等地的上空，威胁着人们的生命安全。据香港特区政府卫生署卫生防护中心公布，2015年冬季禽流感死亡人数已突破了300大关，死亡人数已超越2003年SARS疫情。

在重大疫情面前，我们每个人除了做好个人防护外，还必须服从全局管理，配合相关部门做好疫情的"早发现、早报告、早隔离、早治疗"工作，以便更好地控制疫情，抢救病人。经历过"非典"和"禽流感"等特大公共卫生事件之后，我国人民的公共卫生意识和责任感都有了显著提高。

 **资源呈现**

《北京青年报》曾经以"北京禁止在中小学售卖碳酸饮料"为题，报道了北京市教委下发《关于进一步规范中小学校饮食管理工作的通知》。通知中要求，中小学开办的小卖部应以供应文具和生活日用品为主，严格控制和管理汉堡包、方便面等食品，不得出售碳酸饮料等不利于健康的食品饮料。

 教学建议

据说，许多饮料中都含有防腐剂、香精和人造色素等，并且由于糖分含量多而热量很高，中小学生经常饮用这样的饮料不利于身体健康，所以，最好的饮料是白开水。请结合学校或者个人生活实际，谈谈你对饮料的认识。

1. 调查学校周围市场上饮料的品种及质量，并写出相关报告。

2. 说一说，你和你的同学们都喜欢喝什么饮料，以及对这些饮料的了解。

3. 有条件的学校，可以组织学生开展饮料质量的抽样检测与化验，了解和认识饮料的"庐山真面貌"。

遇机动车辆为抢占风头，突然变道。⑨紧随机动车后面行驶，或手扒机动车行驶。

根据这些情况，有必要组织中小学学生系统地了解骑自行车的行车安全常识，指导行车安全。

骑自行车安全常识主要有：不满12周岁不能在道路上骑车；不能在车行道上学骑自行车；没有车闸或没有安全保证的自行车不能上路；不能在人行道、机动车道上骑自行车；在混行道上要靠右边行驶；通过较大陡坡或横穿四条以上机动车道时应当推车行走；雨、雪、雾等天气要慢速行驶，雨雪天路面结冰时要推车慢行；转弯时要提前减速慢行，向后了望，伸手示意，不要突然猛拐；超越前方自行车时，不要与其靠得太近，速度不要过猛，不得妨碍被超车辆的正常行驶；不要手中持物骑车，不要双手离把骑车，不要两人骑一辆车；不要两辆以上并排行驶；两辆车行驶时，两人不要相互勾肩搭背，相互挤抹，相互追逐；不要紧随机动车后面行驶。

（3）乘车（船）安全

随着我国城乡交通设施的日益完善，机动车辆和船只已经成为人们出行的主要交通工具。但中小学生在乘车和乘船时还存在许多不良行为，比如，不按秩序依次候车、候船，在上下车（船）时拥挤争抢；上车（船）后，不坐在座位上，随意走动、打闹，或将身体探出车（船）之外，或向车（船）外任意抛投物品，等等。这些行为将对交通安全造成直接影响。

不论是乘坐"校车（船）"，还是外出乘坐车（船），我们都要了解最基本的安全常识，按章行事。首先，要选好车（船），特别是参加学校组织的集体交通活动，一定要在交通管理部门的指导下，确认驾驶人员的准驾资格，选择有准运资格的车（船）；发现驾驶员患有妨碍安全行车的疾病、过度疲劳或饮酒的，不要乘坐该车（船）；发现超员时，可不乘超载车（船）。其次，不要在机动车道上等候车辆或招呼出租车；要待车（船）停稳后，依照顺序上车（船）；不要携带易燃、易爆等危险品上车

（船）。行驶时，不要与驾驶员闲谈或妨碍驾驶员操作；不能将身体的任何部位伸出车（船）外，不要向车（船）外抛投物品；不要在车（船）内随意走动、打闹。下车后，需横穿车行道时，应在确定没有车辆过往时，从车尾部穿行，切不可从车头部贸然通过。

（4）交通安全应急常识

在交通活动中，尽管人们做了充分的防范工作，但交通安全事故还是时有发生。如果我们学会并掌握了一定的交通应急常识和救护技术，就会争取时间，缓解险情，减轻事故造成的人员伤亡和财产损失。

首先，要保持头脑冷静，紧急求援。可以通过拨打"120"救护电话和拨打"110""122"报警电话，紧急求援；也可以利用其他方式向外界传递信号，紧急求援。请求紧急求援时，要将发生交通事故的时间、地点、危险或受损情况、受助要求向求援方讲清楚。要服从权威部门的统一指挥，不要擅自行事。

其次，进行现场伤情救护。骨折、创伤、溺水、中毒等不同伤病的处理技术性强，要在技术人员或内行的指导下进行。例如，对骨折患者，就不能盲目挪动病人，要就地取材（如树枝、木棍、木板、纸板等），对患肢进行固定后才能移动。开放性骨折露出的骨头在临时固定时不要再放回伤口内，以免造成感染。

2. 运动安全

中小学学生在运动过程中出现身体伤害的事故时有发生，这不仅给学生的身体和精神带来痛苦，影响他们的学习和生活，也会给家庭和学校造成负面影响。因此，我们要尽量减少意外伤害事故的发生。当意外伤害事故发生时，我们要及时应对、正确处理。

其一，不能带病运动。近年来，人们常提到"运动性猝死"这个概念。所谓"运动性猝死"，是指在运动过程中或运动后24小时内发生的非创伤性意外死亡。研究发现，凡是在运动中猝死的运动员都是在早期有心脑血管病症的人群。由于病情没有发展到一定时期，不会影响到正常的运动，但是，一旦病症出现时，短则几秒钟，多则一天的时间就会结束生命。所以，我们在参加剧烈运动之前一定要进行身体检查，在确认心血管机能正常的情况下再参加体育活动，以保证生命的安全。

另外，患有以下疾病的人，也不宜参加体育运动。体温升高的急性疾病患者；各种内脏疾病（如心、肝、肺、肾、胃肠病）处于急性阶段的患者；有出血倾向的疾病患者，如，鼻、上呼吸道出血、消化道出血后不久等；心脏病、高血压、哮喘、肺结核患者等。女生月经期不宜从事剧烈运动、不宜游泳，出现痛经或月经紊乱患者应停止体育运动。

其二，运动的场地、器材必须具备安全条件。球类运动的场地一定要符合国家规定的要求，地面必须平整，边界外两米以内不能有障碍物；足球比赛不能在水泥场地上进行；篮球比赛不能在太光滑和太粗糙的水泥地面上进行。进行技巧、体操、单双杠、跳高等练习时，必须准备好厚度符合要求的保护垫子，各种体操器械必须稳固；在进行杠铃、哑铃等举重练习时，一定要遵循由轻到重的试举顺序，不能头脑发热一开始就举极限重量，否则很容易受伤。

其三，遵守运动规则，善于保护自己。运动前，一定要做好活动准备，使身体较好地适应比赛的要求。没有经过运动准备而直接进入剧烈比赛，很容易使身体产生缺氧，从而出现晕厥、运动性腹痛、肌肉抽筋等现象。运动后，要有放松环节，例如慢跑或拉伸的运动，这样能帮助身体恢复。运动前不能吃得过饱或者喝过多的水，运动后不要马上大量饮水，吃冷饮，也不要立即洗冷水澡；最好喝一些淡盐水以补充身体丢失的水分和盐分，等身体平静下来再洗个热水澡，这样才能帮助身体恢复。

其四，学会运动损伤的应急处理，以便自救与他救。

表2　运动损伤的自救与他救

伤害	处理方法
擦伤	用生理盐水清洗创面，再涂红药水，以免发生感染；大面积的擦伤要用消毒纱布覆盖或包扎。
扭伤拉伤	轻度的受伤应立即冷敷和加压包扎，24小时后才可进行热敷或按摩治疗；刚受伤时切勿进行按摩和搓揉，以免造成受伤部位充血肿胀，形成瘀血，从而加重伤情。 严重的受伤包扎后应立即送往医院治疗。
脱位骨折	首先固定伤位，避免移动，立即送往医院；若发生休克时，应迅速使伤者复苏，如刺激人中、合谷穴等。
脑震荡	首先要让伤者安静、平卧，不要随便移动位置，勿摇晃、牵扯，并对头部进行冷敷，对昏迷者应进行复苏抢救；伤者清醒后再度昏迷或发生剧烈的头痛、呕吐者，应立即送医院抢救。
中暑	当气温过高时，体温调节发生紊乱，进而导致机体内环境紊乱，从而引发一系列的病理征象，如头晕、乏力、胸闷、口渴、大汗、高热、昏迷或痉挛等；处理时，要让患者迅速脱离高温环境，到阴凉处休息，口服十滴水、人丹或涂清凉油，同时补充含盐的清凉饮料；若是重症中暑，在急救的同时应尽快送医院救治。

资源呈现

　　每年夏季，恰逢中小学暑假，学生下河游泳的多，溺水身亡的事情时有发生。溺水事故的死亡率如此之高，成为老师和家长心中永远的痛。

　　溺水事故的死亡率很高，其原因就在于人溺水后，大量水或水中异物同时灌入呼吸道或胃中，水充满呼吸道和肺泡，引起急性肺水肿，导致肺通气、换气功能以及弥散功能障碍，从而让人窒息甚至呼吸、心跳骤停，以致死亡。溺水窒息后，最易受损害的是脑细胞。缺氧的时间和程度，直接影响着心肺复苏的成功率和脑复苏的效果。有关资料显示，脑缺氧10秒即可出现意识丧失，缺氧4~6分钟，脑神经元发生不可逆的病理改变，6~9分钟死亡率达65%，12分钟则成活率几乎为零。因此，急救专家提出了溺水救援的"黄金6分钟"。

 教学建议

一旦发生溺水事件，如何对溺水者伸以援手，并能组织有效的救助呢，这是我们必须掌握的策略。

1. 讲述身边发生的溺水案例及其教训。

2. 请专业人员，进行预防溺水事故知识讲座，了解溺水救援的常识与技术。

3. 因地制宜，组织学生开展溺水的自救与他救演习。

第三节　正确使用煤、电和燃气

煤、电、燃气与我们的生活息息相关，只有安全使用，才能避免意外事故的发生。

1. 燃煤安全

目前，我国还有许多地区使用燃煤做饭或取暖，煤气泄漏而造成煤气中毒的事故常有发生。2008年12月2日，陕西省定边县某九年制学校发生一起特大煤气中毒事故。一个四年级学生宿舍12名女生全部中毒，只有一名女生幸免于难，其他11名孩子遇难。据调查，造成"12.2"煤气中毒事件的原因，是学生宿舍没有安装通风设备，且取暖用的无烟煤堆放位置不当，距炉火最近距离仅18厘米。2012年2月14日，河北省邢台市南和县某小学校外租住房发生煤气中毒事故，3人经抢救无效死亡，其他7人脱离生命危险。

其实，防止煤气中毒的设施和技术都十分简单，缺乏防范意识是煤气中毒事故发生的主因。正确使用燃煤的技术要点：第一，为煤炉安装烟筒和风斗；第二，定期清扫烟筒，保持烟筒通畅，如果发现烟筒堵塞或漏气，必须及时清理或修补；第三，为伸出室外的烟筒加装遮风板或拐脖，防止大风将煤气吹回室内；第四，经常开门窗通风换气，保持室内空气新鲜。

2. 用电安全

电是一种能量巨大的清洁能源，但电又是看不见，摸不着的"无情杀手"。现代生活中，电无处不在，时刻威胁着人们的安全。2013年10月一天早晨6点左右，江苏阜宁县一名15岁学生到同学家约其一同上学，在按楼道电子对讲门铃时不幸触电身亡。后调查认定，事发电子对讲门带电。原因是该楼有一位业主从自家屋里拉一根电线到一楼车库，经过对讲门的电线绝缘部分损坏漏电，致使对讲门成了"电门"。

在现实生活中，私拉乱接电线是最常见的违规用电现象，这很容易造成用电事故，应该高度警惕。所以，我们要掌握最基本的安全用电常识，在日常生活中安全用电。

①认识了解电源总开关，学会在紧急情况下关断总电源。

②不用手或导电物（如铁丝、钉子、别针等金属制品）去接触、探试电源插座内部。

③不用湿手触摸电器，不用湿布擦拭电器。因为水是电的良好导体，用湿手按开关或拔插座，容易发生触电事故，被电击伤。

④电器使用完毕后，应拔掉电源插头；拔电源插头时，不要用力拉拽电线，以防止电线的绝缘层受损；发现电线的绝缘皮剥落时，要及时更换新线或者用绝缘胶布包好。

⑤发现有人触电时，要设法及时关断电源，或者用干燥的木棍等物将触电者与带电的电器分开，不要用手去直接救人。少年儿童遇到有人触电时，要呼喊成年人帮忙救人。

⑥不随意拆卸、安装电源线路、插座、插头等。即便是安装灯泡等简单的事情，也要先关断电源，然后，在家长的指导下进行。

⑦保险丝被烧断了，要请电工更换。保险丝的规格很重要，千万不能随便用其他金属丝代替。

⑧发现室外有断落的电线，要绕开行走，并及时报告给社区物业管理部门。

进入家用电器时代后，小到电水杯，大到电冰箱，吃的、听的、看的、唱的、玩的一应俱全。这些五花八门的家用电器方便了人们的生活，提高了人们的生活品位，如果使用不当，也会带来新的烦恼，甚至伤害。因此，在日常生活中，我们要了解不同家用电器的用途与使用方法，并学会安全地使用家用电器。这样，才能充分发挥家用电器的服务功能，延长其使用寿命，保证自身安全。安全使用家电的具体要求：

①购买家用电器时，包括电器用具，如电线、电线接头和电源插座等，都要选择质量可靠的合格产品。

②要用正确的方法安装电器，必须接地线的电器要使用三孔电源插座。电冰箱、洗衣机等家电可以装上漏电保护装置。电器用具不仅要求电压大小相符，而且要求电流大小适当。因此，不要在一个插座上插用许多电器，否则用电超过了设备规定，也会发生危险。

③使用中，发现电器有冒烟、冒火花、发出焦煳的异味等情况，应立即关掉电源开关，停止使用。

④电吹风机、电饭锅、电熨斗、电暖器等电器在使用中会发出高热，应注意将它们远离纸张、棉花、棉布等易燃物品，防止发生火灾；同时，要注意避免烫伤。

⑤要避免在潮湿的环境（如浴室）下使用电器，更不能使电器淋湿、受潮，这样不仅会损坏电器，还会发生触电危险。

⑥有些家用电器的使用，必须人走断电。比如使用电熨斗时，暂时离开也要拔掉插头。否则，轻者烫坏衣服，重者引发火灾。电风扇的扇叶、

洗衣机的脱水筒等工作时高速旋转，不能用手去触摸，以防受伤。

⑦遇到雷雨天气，要停止使用电视机，并拔下室外天线插头，防止遭受雷击。

⑧电器长期搁置不用，容易受潮、受腐蚀而损坏，重新使用前需要认真检查。

3. 使用燃气安全

人们通常把天然气、石油液化气、煤气等可燃性气体都统称为煤气。煤气作为一种洁净的能源，被广泛地用于家庭生活。煤气给人们生活带来了许多方便，但如果使用不当，它也会造成灾难。

因此，使用前，我们要对有关燃气的知识有所了解。煤气罐内的气体主要有两种，一种是煤气，主要成分是一氧化碳，有毒；另一种是液化石油气，主要成分是丙烷丁烷，无毒。管道天然气一般不会爆炸，除非泄漏的天然气在密闭空间里达到一定浓度并遇明火。煤气罐爆炸通常会带来两次破坏。首先是罐体破裂发生物理爆炸，罐内液态石油气瞬间膨胀250～300倍变成气态，产生冲击波，犹如地雷爆炸；接着，是气态石油气迅速与空气混合，当在空气中的浓度降至3%～11%时，如遇明火，将产生化学爆炸并带来爆炸燃烧，巨大的冲击波将危及人的生命财产安全，人若吸入这种爆炸性气体，呼吸道和肺脏组织会被烧损。

"轰"的一声巨响，店面卷帘门飞到马路对面，路边车子车窗玻璃破碎，餐馆许多物件飞到了大街上。2013年5月28日清晨，福州仓山区透湖支路一家小吃店"阿华美食园"发生液化气爆燃。事发时店内无人；一名骑电动车经过的男子，被店内飞出的物件砸中，经抢救无效身亡。经查，爆燃是由店主人未关紧液化气阀门，造成液化气泄漏引发的。据说，这已是福州市区5天内的第3起餐馆液化气爆燃事故。

上述案例告诉我们，使用燃气时，一点小小的疏忽就可能酿成人命关天的大祸。因此，我们必须掌握燃气使用的操作规则，学会安全使用燃气。其操作要点如下：

①认真阅读燃气器具等的使用说明书，严格按照说明书的要求操作、使用。

②使用人工点火的燃气灶具，在点火时，要坚持"火等气"的原则，即先将火源凑近灶具然后再开启气阀。

③经常保持燃气器具的完好，发现漏气，及时检修；使用过程中遇到漏气的情况，应该立即关闭总阀门，切断气源。

④燃气器具在工作状态中，人不能长时间离开，以防止火被风吹灭或被锅中溢出的水浇灭，造成煤气大量泄漏而发生火灾。

⑤使用燃气器具（如煤气炉、燃气热水器等），应充分保证室内的通风，保持足够的氧气，防止煤气中毒。

一旦察觉煤气泄漏该如何应对？消防专家指出，正确的方法是立即打开所有门窗，让燃气散发，同时关闭室内燃气管道的总阀门或液化气钢瓶的角阀。切勿触动室内任何电器开关，如电灯、油烟机、换气扇、电视、电扇、空调等，也不要在室内使用电话、手机，严禁使用明火。如果阀门全部关闭，并已通风换气，但室内仍有煤气味，要立即到室外空旷处拨打燃气公司的紧急救助热线，由专业人员进行处理。在泄漏问题得到解决前，不要使用任何燃气器具。

4. 预防火灾的发生

火灾是指在时间和空间上失去控制的燃烧所造成的灾害。火灾根据可燃物的类型和燃烧特性，分为固体物质火灾、液体或可熔化的固体物质火灾、气体火灾、金属火灾、带电火灾、烹饪器具内的烹饪物（如动植物油脂）火灾等。火灾无情，但只要我们处处小心，火灾也是可以预防和避免的。

首先，要强化火灾意识。在物质文明高度发达的今天，我们对火灾要有高度的警惕和防范意识，不能等闲视之。经验表明，很多火灾都是由于人们的疏忽和无知而造成的，教训惨痛！2008年11月14日6时，上海商学院女生宿舍602室发生火灾。起火后，该室有2名学生跑出室外呼救，等回来时，发现宿舍门已经无法打开。这时，留在室内的4名女生被大火围困。情急之下，她们先后从6楼阳台上跳下，当场身亡。此外，由大火引起的烟雾冲到了隔壁601寝室，601寝室的两个女生也先后躲到了阳台上，最后安全获救。据说，事故原因可能是602寝室违规使用"热得快"所致。

其次，要正确应对火灾。尽管火灾无情，但面对灾害时，我们千万不要惊惶失措，而要冷静处置。灾难发生时，在威胁到生命安全的情况下，保存生命，迅速逃离危险区域是我们的第一选择。面对火灾，要有自救和逃生的意识。每到一个地方，我们首先要对周围设施和结构布局进行观察，熟记疏散通道和安全出口的位置。遇到火灾时，要利用自己的手机或就近的电话以及一切可以利用的紧急报警系统及时报警。除了及时报警外，还要寻找附近的灭火器材进行灭火，力求把初起之火控制在最小范围内，并采取一切可能的措施将其扑灭。如果火势蔓延，无法进行灭火自救，应首先保护好自己，安全有序地逃生。

有人总结出火灾逃生六大技巧：①烟气较大时，先用多层浸湿的毛巾或衣物捂住口鼻，防止吸入有毒气体而窒息；②房间内着火时，要弯腰或匍匐，沿着有冷空气进入的方向逃生；③等待救援过程中，要用各种方式发出求救信号，如敲击金属管道、向外抛投衣物等；④着火点离自己较近时，不要大声呼喊，防止吸入火焰将呼吸道烧伤；⑤衣服着火时，不要猛跑，防止火势加大；穿多层衣服时可将外层脱掉或就地打滚将火压灭；⑥穿单层化纤衣服时，不要盲目脱掉，防止衣服与皮肤粘连后，因脱衣而导致皮肤外伤加重。

 **资源呈现**

2013年5月20日7时30分左右，广东省河源市某中学女生宿舍发生火灾。火灾引发该宿舍内的女生床上用品、多张双架床被完全烧毁，经济损失上万元。经当地消防部门初步查明，火灾是由该宿舍一女生在床上用充电器给手机充电，临走前忘记拔掉插头，致使该充电器发热短路而引燃床上用品而引起的。所幸火灾发生时，同学们都上晚自习去了，并未造成人员伤亡，否则后果不堪设想。

 教学建议

学生宿舍是校园防火的重点。因为学生宿舍人员密度大，书籍、棉被、衣物、蚊帐等易燃物品多，且相当多学生宿舍火灾都是用电不当引发的，因此，学生宿舍用电要防患于未然。

1. 在学生中，开展一次用电安全知识竞赛活动，学习用电常识，培养用电安全意识。

2. 组织一次教室或者宿舍安全用电的检查，消除用电安全隐患。

3. 组织学生自查自纠日常生活用电中的不良习惯与违规操作。

第四节　应对校园暴力及恐怖袭击

在社会矛盾日益复杂和全球恐怖势力日益猖獗的背景下，校园暴力和恐怖袭击已经成为威胁学生生命安全的主要危险。

1. 应对校园暴力

（1）校园暴力的产生

校园暴力主要是指在校学生之间、学生与社会其他人员之间、师生之间，具有敌意的欺凌、体罚、伤害等性质的暴力行为。因施暴者和受害者多数是在校学生，且范围多在校园或校园周边，因此，大家习惯称其为校园暴力。校园暴力包括行为暴力、语言暴力和心理暴力等。行为暴力，主要指包括打架斗殴、敲诈勒索、抢劫财物等一系列对人身及精神达到某种严重程度的侵害行为；语言暴力，主要指通过语言对精神达到某种严重程度的侵害行为，包括起侮辱性外号、造谣污蔑等行为；心理暴力主要指通过言语、行为或其他方式对精神达到某种严重程度的侵害行为，如恐吓、侮辱、排斥、歧视、孤立等行为都是心理暴力行为。

校园暴力的产生有着多方面的原因，既有社会、学校的原因，也有家庭和学生自身的原因。比如父母的侵犯行为或者家庭暴力，会对其子女产生潜移默化的影响，使其产生暴力倾向。研究表明，父母对孩子采取打骂、虐待等不良监控方式，或由于离异，而放松管束，这样会让孩子感到缺少关爱和安全感，易于形成"攻击性人格"，从而养成以强欺弱的坏习惯。社会暴力文化的误导也是产生校园暴力的重要原因。影视剧中的江湖义气、以暴制暴以及违法犯罪的情节，也会让青少年盲目崇拜与效仿，并形成一定的负面影响。学校重视考试分数，学生两极分化严重，淘汰率高，也是校园暴力滋生的原因之一。青春期是中小学生心理发育的关键时期，也是他们心理冲突和情绪行为问题的高发阶段。这一时期，他们的心理发育还不成熟，解决问题的能力有限，面对学习、考试、升学、交友、与长辈沟通等诸多压力，如果没有适当的引导，他们就可能通过不良行为来释放压力，舒缓情绪，导致暴力行为的发生。北京师范大学沃建中博士的"中小学生心理素质建构与培养研究"调查表明：我国中小学生有异常心理行为问题倾向和有严重心理行为问题的比例分别为，小学生16.4%和

4.2%；初中生14.2和2.9%；高中生14.8和2.5%。

（2）校园暴力的危害

校园暴力的危害是多方面的。它危害被侵害者的生命健康，同时也导致施暴者走上了犯罪的道路；它严重影响那些受到伤害的同学的心理，使他们产生心理障碍，甚至会导致自杀行为的发生；它严重地干扰了青少年正常的学习秩序，干扰了学校正常的教学秩序。校园暴力给学生个人、家庭乃至社会造成的危害是巨大而持久的，必须铲除这株校园毒草。

（3）校园暴力的治理

治理校园暴力是一项综合性工程，政府、社会、学校、家庭要齐抓共管，加大社会宣传力度，遏制暴力文化传播，依法惩处暴力行为，为同学们创造一个良好的学习和成长环境。

青少年意气风发，容易感情用事，在预防校园暴力活动中要理性策略。首先，要远离暴力文化，培养健全人格。尊重自己和他人的生命，不做歧视、凌辱、戕害他人的事。其次，树立防暴意识，沉着应对暴力侵害。充分认识校园暴力的严重后果，自觉克制自己的言行，不使用暴力，也不要介入暴力活动。第三，在身边暴力苗头出现时，要分辨是非，及时报警；当校园暴力发生时，要沉着应对，将伤害降到最低程度。此外，我们还要增强法律意识，学会利用法律武器来保护自己。

2. 预防恐怖袭击

讲到恐怖袭击，我们就会联想到发生在俄罗斯的别斯兰市人质危机。2004年9月1日上午9时30分左右，一伙头戴面罩、身份不明的武装分子突然闯入俄罗斯南部北奥塞梯共和国别斯兰市第一中学，将刚参加完新学期开学典礼的大部分学生、家长和教师赶进学校体育馆劫为人质，并在体育馆中及周围安放了爆炸物。俄罗斯军方迅速包围学校试图解救被围困的平民和学生。危机历时3天，导致326名人质死亡，700多人受伤，成为俄罗斯最为严重的恐怖袭击事件。

　　恐怖主义是实施者对非武装人员有组织地使用暴力或以暴力相威胁，通过将一定的对象置于恐怖之中，来达到某种政治目的的行为。国际社会中某些组织或个人采取绑架、暗杀、爆炸、空中劫持、扣押人质等恐怖手段，企求实现其政治目标或某项具体要求的主张和行动。作为人类冲突的一种表现形式，恐怖活动由来已久。

　　18世纪以前，恐怖活动基本上以暗杀、投毒为主要表现形式。一般具有特定的对象和目的。第二次世界大战之后，国际恐怖主义开始形成。热点地区多为殖民地、附属国或刚独立的民族国家，但活动范围已经超出国界。袭击手段也日趋多样，比如劫机、爆炸、绑架与劫持人质等。进入二十世纪90年代以后，针对无辜平民的恐怖活动明显增多，恐怖行为使用爆炸威力巨大的炸药或炸弹，更具隐蔽性和杀伤性。最近二十多年来的恐怖主义活动，越来越成为反人类、反文明、反进步的国际性犯罪。恐怖主义危害的不仅是一个国家的政权和社会制度，而且是整个人类社会的文明与尊严。

　　以发生在美国的"9·11"恐怖事件为标志，恐怖袭击以空前的破坏力、冲击力和影响力，给世界政治、经济、军事以及国际关系、国际秩序带来了深刻的变化；它也迫使世界各国聚焦恐怖主义，重新评估恐怖主义危害，并把反恐纳入国家安全的战略。虽然国际反恐组织联手打击，但恐怖主义势力非但没有收敛反而变本加厉。2011年7月22日，挪威首都奥斯陆市中心遭炸弹袭击，造成包括首相办公室在内的多座政府大楼严重受损。此后不久，一名枪手伪装成警察向奥斯陆一青年营地内的集会者肆意开枪射击。两次袭击造成91人死亡。2014年3月至7月，我国先后发生了五起恐怖暴力案件。3月1日，云南昆明火车站遭遇恐怖袭击，造成29人死亡，130人受伤；4月30日，乌鲁木齐火车南站发生爆炸，造成3人死亡；5月22日，乌鲁木齐市沙依巴克区公园北街，遭遇暴徒汽车爆炸袭击，造成31人死亡，90余人受伤；6月21日，喀什地区叶城县公安局遭遇爆炸袭击，造成3名民警受伤；7月28日，新疆莎车县遭遇恐怖袭击，造成数十名群众伤亡，31辆车被打砸，6辆车被烧。由此可见，反恐斗争仍是一项十分复杂、长期、艰巨的任务。

面对日益猖獗的恐怖主义，国际社会一直在努力寻求反恐合作的途径，并取得了积极成果。

资源呈现

2014年6月10日，湖北省潜江市浩口镇第三小学安静、祥和，秩序井然。六（3）班女教师秦开美正在给学生们上语文课。

上午9时许，一男子突然撞进教室。发生了什么事？秦老师愣了一下。原来是同村村民张泽清。他要干什么？秦老师看到张泽清手中的刀具、自制手枪等家伙时，感到来者不善。看到惊恐万状的52名学生，秦老师反倒冷静下来，"他是爷爷，不是坏人。"她知道这时既要安慰学生，又不能过度刺激歹徒激动的情绪。当对方威胁说，若不答应他的要求就要引爆炸弹时，有的学生被吓得哭了起来，教室里的空气骤然紧张了起来，这时，秦老师才意识到自己和学生被歹徒劫持的严重性。秦老师一面安抚学生，一面镇定地对歹徒说："我留下，让孩子们先出去。"接着，又是一阵僵持。待张泽清答应后，秦老师便让学生们迅速离开教室，转移到安全地带。随后，秦老师开始独自一人与歹徒周旋，直到镇党委副书记王林华闻讯赶来……

经过谈判，张泽清答应以镇党委副书记王林华来交换人质，并将秦开美放走。双方僵持1小时以后，张泽清情绪几度失控，将王林华逼进教室角落，用自己携带的汽油两次泼洒到王身上，并即将打着自制爆炸物的引线。千钧一发之际，警方狙击手开枪，将其击毙。全校千余名师生被及时疏散，无人受伤。

事后，人们才得知张泽清是因为土地问题与村干部产生了矛盾，企图以威胁手段解决问题。

教学建议

我国正处在社会转型时期，各种矛盾相互交织，且不断引爆激化，严重地影响到社会的和谐与稳定。学校作为社会弱势群体集中的地方，常常成为歹徒们袭击的目标。保卫青少年生命财产安全便成为学校教育中一项重要的工作。

案例中的秦开美老师是一个很平凡的乡村教师。可是当遭遇歹徒挟制时，她首先想到的却是挺身而出，保护学生。她认为"这是一个教师该做的"。她以自己的勇敢、智慧与担当，给学生树立起生命的榜样！这正是我们开发这个教师课程资源的价值之所在。

1. 结合本案例，谈谈在现实背景下，我们应该怎样应对校园暴力袭击？

2. 教师作为生命教育的重要的课程资源，应该怎样加强生命素养，提升生命教育的专业水平？并在教学过程中彰显教育主体的正能量。

3. 想一想，秦开美老师有哪些精神品质，我们应该怎样向她学习？

第五节　预防自然灾害

自然灾害是自然界所发生的异常现象，有时对人类生活会造成灾难性影响。自然灾害可以分为地震、海啸、洪水、台风、泥石流、雪崩、火山爆发、农林病虫害等突发性灾害；地面沉降、土地沙漠化、干旱、海岸线变化等渐变性灾害；臭氧层变化、水体污染、水土流失、酸雨等人类活动导致的环境灾害。

我国是世界上自然灾害最为严重的国家之一，灾害种类多、分布地域广、发生频率高、造成损失重。在全球气候变化的背景下，我们面临的自然灾害形势严峻复杂，地震、洪水、台风、泥石流等自然灾害频繁发生，风险加剧。2010年，国家有关部门将5月12日设立为"防灾减灾日"，就是要唤起社会各界对防灾减灾工作的关注，增强全社会防灾减灾意识，普及推广防灾减灾知识和避灾自救技能，最大限度地减轻自然灾害的损失。青少年更要掌握一些常见自然灾害的预防和应对知识，增强自身防灾抵抗力。

1. 地震的预防与自救

由于地球不断运动和变化，地壳的不同部位受到挤压、拉伸、旋扭等力的作用，逐渐积累了能量，在某些脆弱部位，岩层就容易突然破裂，引起断裂、错动，于是就引发了地震。地震灾害具有突发性和不可预测性，以及频度较高，并产生严重次生灾害，对社会产生很大影响等特点。

地震破坏性大，损失惨重。比如1976年7月28日3时42分发生在河北唐山市的7.8级大地震，将这座重工业城市夷为平地，死亡24.2万人，重伤16万人，直接经济损失100亿元以上，成为20世纪世界上人员伤亡最大的地震。又如2008年5月12日14时28分，发生在四川汶川的8.0级地震，直接严重受灾地区达10万平方公里，死亡69225人，伤374640人，失踪18624人，累计受灾人数达4624万人。

地震属于瞬时突发的社会灾害，极度可怕，人类还无法阻止。但只要我们高度重视并有所防备，还是能在一定程度上减轻灾害损失。日本是一个地震频发的国家。尽管他们在硬件设施上防震标准很高，但他们仍十分重视自我保护与防范。他们认为，地震无法避免，但预防可以减少生命的损失。日本家里防地震用品很多。最基本的就数在家要备好纯净水及随时可以拿出来吃的面包，只需加水就可以吃的饭。这些食物可以存放五年。地震自救袋，也是家家必备之物。那里面有手电万能充电器、收音机、纯净水、食品、急救箱、口哨、万能刀、口罩、电池等。经验表明，地震灾害发生后，科学自救是十分有效的。

发生地震时，如果我们在房内，要及时躲到两面承重墙之间，如厨房、厕所等处。也可以躲在桌柜等坚固家具的下面以及房间内侧的墙角，同时用被褥、枕头、棉衣、脸盆等物品护住头部。千万不能在窗户、阳台附近停留，更不能试图跑出楼外，因为时间来不及。等地震间隙再尽快离开住房，转移到安全的地方。如果房屋已经倒塌，应待在床下或桌下千万不要移动，等到地震停止后再移出室外或者等待救援。

发生地震时，如果我们在公共场所，不能惊慌乱跑。要冷静下来，观察周边环境，马上躲到离自己最近而且比较安全的地方，如桌柜下、舞台下，绝对不能停留在高楼下、广告牌下、狭窄的胡同、桥头等危险的地方，更不能跑进建筑物中去避险。

如果地震时，我们不幸被埋在了废墟中，应先想办法清除压在身体腹部以上的物体；然后用毛巾、衣服等捂住口鼻，以防止烟尘窒息；并设法找到食品和水，创造生存条件，听到外界有声音时，充分利用身边的各种器具向外界求援，例如用金属、石块等硬物相互撞击，或大声呼救，但要注意保存体力，以避免体力过早耗尽。

万一不幸被砸伤，对于少量流血的伤口，一般不需要进行处理。如果伤口出血较多，可用清洁的纱布、绷带或手绢等进行包扎，以达到止血的目的。然后，等待救援。

在长期的防灾减灾实践中，人们发现地震灾害发生时某些动物会出现反常行为，于是，总结出这样的防灾谚语：震前动物有预兆，抗震防灾要搞好。牛羊驴马不进圈，老鼠搬家往外逃；鸡飞上树猪拱圈，鸭不下水狗狂叫；兔子竖耳蹦又撞，鸽子惊飞不回巢；冬眠长蛇早出洞，鱼儿惊惶水面跳。家家户户细观察，综合异常做预报。地震预测是一个全球性的科学难题，即便在日本这样地震频发的国家，地震预报也仍处于探索之中。但随着科学技术的发达，地震形成的规律也将逐渐为人类所认识，地震灾害的预报也将成为可能。

汶川"5·12"地震发生时，安县桑枣中学2200多名学生，上百名老师，从不同的教学楼和不同的教室中，全部冲到操场，以班级为单位集合好，仅用了1分36秒，创造了"学生无一伤亡"奇迹！

他们的经验很简单：就是"防患于未然"。从2005年开始，这所学校每学期组织一次全校紧急疏散的演习。每次演习时会有一个告示，当然具体时间是不会告诉给师生的。等到某一天，师生们正在课间操或者休息时，学校的高音喇叭突然通知：全校紧急疏散！这时，每班的师生都按学校事先规划的疏散路线进行演练：教室里面一般是9列8行，前4行的同学从前门撤离，后4行的同学从后门撤离，每列都按规定的通道走。疏散时，每两个班合用一个楼梯，每班必须排成单行行进。撤到操场后，每班集合的位置也是事先划定好了的。学校还规定，疏散时，教室在2楼、3楼的学生要跑得快些，以免堵塞逃生通道；教室在4楼、5楼的学生要跑得慢些，否则会在楼道中造成人流积压。学校还规定，老师在适当的时候要站在适当的位置，等等。这所中学的叶志平校长将他们的经验归结为：责任高于一切的避险意识，成就源于付出的实战训练。

2. 洪水的预防与救护

1998年夏天，我国长江、松花江和嫩江等流域发生特大洪水灾害，全国29个省、自治区、直辖市不同程度受灾，因灾死亡4150人，1839.3万群众受到洪水严重威胁；倒塌房屋685万间，损坏房屋1329.9万间；农作物受灾2229.2万公顷，受灾超过2.2亿人，直接经济损失达2550.9亿元。

2012年7月21日是一个周六，天下着雨，许多北京人如平常一样生活和工作着，并没有意识到灾难正在逼近。谁知这是一场500年一遇的特大自然灾害，连续五天暴雨如注，并引发了山洪、泥石流、积水等次生灾害，造成了重大的人员伤亡。北京区域内共发现77具遇难者遗体，其中核心城区1人，其余均集中在远郊乡镇，特别是山区。在房山区遇难的38人中，遭雷击丧身1人、被泥石流掩埋1人、创伤性休克死亡2人、触电死亡3人、驾车遇洪水身亡5人、洪水溺亡26人。据房山区统计，全区2019平方公里，80万人口受到了不同程度的损失。损失大约为50亿元人民币。

俗话说，兵来将挡，水来土掩。洪水袭来时，我们要主动自救。如果我们的家处在地势低洼地区，可因地制宜采取"小包围"措施，如在大门口放置沙袋或配以人工排水手段等。

接到洪水警报后，应按照预定路线，有组织地向山坡、高地转移；如已经受到洪水包围，要尽可能利用船只、木排、门板等漂浮物，从水上转移；如洪水封门，已经来不及转移，就应迅速向楼房的高层、屋顶或者大树上转移，暂避风险。千万不要游泳逃生，更不能攀爬带电的电线杆、铁塔，也不要爬上泥坏房顶。要利用各种方式和外界取得联系，寻求救援。如果洪水继续上涨，难以自保，则要考虑从水上转移逃生。比如，找一根比较结实且足够长的绳子（也可用床单、被套等撕开替代），先把绳子的一端拴在屋内较牢固的地方，然后牵着绳子走向最近的固定物（如大树、高地）转移。如已被卷入洪水中，一定要尽可能抓住固定的或能漂浮的东西，寻找机会逃生。重温"九八"抗洪小英雄江珊的逃生故事会给我们很多启发。

时至今日，江珊怎么也忘不了1998年8月1日那个恐怖的夜晚。8点多钟，嘉鱼电视台突然中断了正常播出的节目，播发紧急通知："簰洲湾大堤出现了溃口，请大家迅速就近往高处转移。"刹那间，村子里爆发出一阵阵哭叫声，不一会儿电也停了，咆哮的洪水发出"轰隆隆"的声音由远及近。

江珊的爸爸外出打工不在家，她和奶奶、妈妈、两个姐姐、两个弟弟，借着夜色在田埂上东一脚、西一脚地乱跑。洪水很快就冲上来了，水越涨越高。一个巨浪打来，把她的妈妈、大姐、两个弟弟卷走了。跟在奶奶身边的江珊、小姐江黎因为抓住一棵白杨树，三人才没被卷走。

奶奶和江珊抱着的树不大，幸亏江珊会踩水、爬树，洪水才没将她淹没。江珊两岁时就开始在池塘里玩水，练就了一身好水性，狗刨、仰泳、踩水她都会。她胆大，尤其喜欢爬树，门前的一棵槐树被她爬得滑溜溜的，有时躲在树上奶奶都找不到她。洪水越来越大，奶奶好不容易才将她转移到一棵高一些的树上，刚刚将她顶到树丫上，小姐江黎和奶奶就被洪水卷走了……

村子不见了，亲人们不见了，四周只有无边的黑暗和咆哮的洪水。水流越来越急，把她和小树冲得左右摇晃，她感到了害怕。她"哇"的一声哭起来。水齐颈了，她又向上拱了拱。一个凶猛的浪头像野兽一样扑过来，树干咔嚓一声断了，江珊又没入了水中，随着树干在汹涌的洪流中翻滚起伏。她感到精疲力竭……

不知漂了多久，她的头猛然撞在了一棵树上，她连忙双手一个反扣，箍住了树干。水流把她向前猛一拽，差点脱扣，她立刻一个翻身，双手抱住树，然后用脚缠住树身，再一把一把地往上爬。脚终于露出了水面，她找到一个树丫，把小脚踩在上面，感觉省力多了。

江珊舒了口气，肚子却饿起来。她摘了两片树叶含在口里，树叶的味道涩涩的，喉头像有东西堵着，她想咳一声，却发觉自己嗓子全哑了。她十分疲倦，上下眼皮不停地打架，但她不敢睡，就像蜗牛一样趴在树上，水涨一寸，她就往上爬一寸。第二天凌晨5时许，武警冲锋舟上的战士发现了小江珊。此时，她已经奄奄一息了。　（张翼飞/文）

3. 泥石流的预防与救护

泥石流是山区常见的一种自然灾害。它是由泥沙、石块等松散固体物质和水混合组成的一种特殊流体。泥石流暴发时，山谷轰鸣，地面震动，浓稠的流体汹涌澎湃，沿着山谷或坡面顺势而下，冲向山外或坡脚，往往在顷刻之间造成严重的人员伤亡和财产损失。

泥石流的形成原因很复杂，但有三个必要条件：①地质条件：有些岩石很容易风化破裂，为泥石流提供大量的固体物质，直接影响泥石流的形成和发展；②地貌条件：地形倾斜度大于15°的山体，容易发生泥石流；

③水源条件：暴雨和融雪造成的洪水。

泥石流虽然具有不可抗拒的自然力量，但只要具有较强的防灾意识和自我保护、自我救助的能力，我们还是可以将泥石流灾害减小到最低程度的。比如2012年5月10日下午，甘肃省岷县县城周边地区发生了一场突如其来的特大泥石流灾害，有些村庄由于防灾意识强，在灾害发生前及时鸣锣报警，人员悉数撤离，无一人伤亡。可见采取积极的防御措施，泥石流灾害还是可以消减的。防御泥石流灾害的基本措施有以下几点：

首先，了解和掌握泥石流发生的规律。一般来说，进入汛期，泥石流也进入高发期。我国泥石流活动周期与暴雨活动周期基本一致。我国大部分地方的降雨主要集中在5～10月，其间的降水量占全年降水量的70%～95%，暴雨也主要集中在这段时间。

其次，是建立泥石流预警机制。监测流域的降雨过程和降雨量，监测沟岸滑坡活动情况，也可以分析滑坡堵河的危险性，如下游河水突然断流，可能是溃决型泥石流即将发生的前兆。前往山区沟谷旅游，一定事先要了解当地的近期天气实况及地质灾害气象预报。应尽量避免大雨天或连续阴雨天前往这些景区旅游。

再次，及时脱离危险区域。泥石流来势凶猛、威力无比。所以，远离险境是最好的防灾方法。当不幸遭遇泥石流时，我们应该准确判断泥石流走向，即与泥石流成垂直方向向两侧山坡上爬，爬得越高越好，跑得越快越好，绝对不能顺着泥石流前进方向奔跑；不要停留在坡度大，土层厚的凹处；不要躲在陡峻山体下，防止坡面泥石流或崩塌的发生；在山区沟谷中露营时，要选择平整的高地作为营地，不要在山谷和河沟底部扎营。

4. 台风的预防与救护

台风是产生于热带洋面上的一种强烈热带气旋，是一种破坏力很强的灾害性天气系统，主要危害有三个方面：

大风。台风中心附近最大风力一般为8级以上。2015年8月8日晨，第

13号台风"苏迪罗"登陆台湾花莲，夜间在福建福清到龙海二次登陆。登陆时为强台风级，中心附近最大风力15级，中心最低气压为940百帕。"苏迪罗"是本年度影响我国范围最广的台风，台湾、福建、广东、江西、湖北、上海、浙江、安徽、江苏九省市陆续受到严重风雨影响。

暴雨。台风是最强的暴雨天气系统之一。在台风经过的地区，一般能产生150毫米~300毫米降雨，少数台风能产生 1000毫米以上的特大暴雨。2013年受第23号强台风"菲特"影响，浙江宁波普遍出现超历史纪录的强降水。浙江余姚市70%以上城区被淹，一片汪洋，主城区停电、停水，成为"孤岛"。

风暴潮。一般台风能使沿岸海水产生增水，沿海地区最大增水可达3米。如"9608"和"9711"号台风增水，使江苏省沿江沿海出现超历史的高潮位。

加强台风的监测和预报，是减轻台风灾害的重要措施。利用气象卫星资料，可以确定台风的位置、强度等；气象台会根据台风可能产生的影响，采用"消息""警报"和"紧急警报"三种形式向社会发布台风预报；同时，按台风可能造成的影响程度，从轻到重向社会发布蓝、黄、橙、红四色台风预警信号。我们要提前做好预防台风的各项准备，如备好必需的应急用品，如手电筒、收音机、食物、饮用水及常用药品等。

当台风到来时，我们要关好门窗，检查电路、炉火、煤气等设施是否安全，并尽可能待在屋里，不要外出行走，更不要去台风经过的地区游玩、观潮、游泳。在室外行走时，如遇顺风绝对不能跑，否则就会停不下来，甚至有被刮走的危险；要尽可能抓住墙角、栅栏、柱子等固定物行走；要注意高空坠物或飞来物，以免砸伤；经过桥梁或高地时，最好伏身爬行，以免被风刮倒。

台风时，不慎被刮入水中，要保持镇定，尽量抓住身边漂浮的木头、家具等物品；大浪接近时可弯腰潜入水底，用手插在沙层中稳住身体，待大浪过后再露出水面；浪头来到时要挺直身体，让身体保持冲浪板状态；

要跟随波浪的趋势往前冲，力争向岸边靠近。

灾难中，我们应该设法向外界求救。这样，我们才有脱险的可能。印度洋海啸中，四名印尼渔夫顽强对付汹涌海浪的同时，把衣服系在柱子上向外求助，九天后终于被直升机发现而获救。学会正确求救，是一种重要的生存能力。

 **资源示例**

2014年初夏，深圳暴雨成灾，东莞河水猛涨，恶性事故频发。下午放学后，大雨仍没有停止的迹象，马路上激流滚滚。东莞市某镇中学的几位学生正小心翼翼地走在回家的路上。突然，一位女同学不幸坠入马路边的下水道，被洪水冲走了。同伴们紧急报警。后来民警们在附近的水塘中找到了这名女学生，并紧急送医，但是经抢救无效死亡，年仅16岁。

 教学建议

专家告诉我们，暴雨中会出现很多意想不到的陷阱，吞噬我们的生命。如上述悲剧就是马路中的下水道惹的祸。为了避开这些灾祸，我们有必要弄清楚暴雨中常见的陷阱有哪些，再学习如何躲避它。

1. 上网搜集资料，再分析分析暴雨中的陷阱有哪些？怎样引导学生尽可能避免这些陷阱？

2. 谈一谈，在我们的生活中最常见的自然灾害有哪些？在当地这些自然灾害都有哪些特点？人们是怎样预防的？

3. 试为当地学生草拟一份防灾自救方案。

第六章

生命成全与幸福

世上最快乐的事，莫过于为理想而奋斗。

——〔古希腊〕苏格拉底

生命成长是一个漫长的过程。首先，要引导青少年安全而健康地成长；其次，才是指导其全面发展，这是生命成长的基本要求。同时，我们每个人都享有获得幸福生活的权利，这就要求我们为青少年提供宽松的学习、生活环境，使之自由发展，快乐生活。这是成全生命的理想追求。青少年从一个"自然人"转变为一个"社会人"的过程，就是培养正确的价值观、人生观的过程，也就是成全生命幸福的过程。

第一节　人生需要规划

人生规划，是人们根据个人发展的志向和社会发展的需要，对自己未来的发展道路所做出的一种预策和设计。

1. 规划成就精彩人生

有一对双胞胎兄弟出生在一个物质条件优越的家庭，父母没有偏爱他们其中的哪一位。两兄弟一起上学，又一同考上了大学。可是，到他们而立之年时，大学毕业后进军IT行业的弟弟，用了短短五年时间就成功创业，获利上千万元；而哥哥大学毕业后却找不到工作，只能待在家里"啃老"。

"我的命运怎么就这么差？为什么失败的总是我？"哥哥很不服气，在父母面前抱怨道。

父亲看着失意的儿子，低声道："其实，你们俩一样聪明，你们唯一的不同是，你弟弟知道自己每一天要干什么；而你却总问：'爸爸，今天我该干些什么？'"

古人云："凡事预则立，不预则废。"这位父亲的话，点出了兄弟二人在人生规划问题上的高下。

成功人士之所以能成功，很大程度上取决于他们有意识地规划自己的人生。哈佛大学有一个非常著名的关于目标对人生的影响的跟踪调查。对象是一群智力、学历、环境等条件差不多的年轻人，调查发现：目标清晰且有长规划的略占被调查人群的3%，这些人几乎都成了社会各界顶尖的成功人士；目标清晰，但规划时间较短的略占被调查人群的10%，这些人大都生活在社会的中上层，成为专业人士，如医生、律师、工程师；目标模糊的略占被调查人群的60%，这些人大都生活在社会的中下层，能安稳地生活与工作，但没有什么特别的成绩；没有目标的略占被调查人群的27%，这些人大都生活在社会的最底层，生活都过得不如意，并且常常在抱怨他人，抱怨社会。

2. 方向为人生规划导航

有一个流传很广的故事，在非洲西撒哈拉沙漠里，有一个名叫比塞尔的小村落，与世隔绝，不为人知。当地的人没有一个走出过村庄。

不是他们不愿意离开这块风景秀丽但贫瘠落后的土地，比塞尔人曾多次试图走出沙漠，但每一次都没有成功。原来，比塞尔村处在浩瀚的沙漠中间，在一望无际的沙漠里，没有一点参照物，如果凭着感觉往前走，会走出许多大小不一的圆圈，最后只能回到起点。比塞尔人之所以走不出沙漠，是因为他们没有任何导航工具，而且根本就不认识北斗星。

后来，有一个叫肯莱文的欧洲青年，来到了比塞尔，建议他们走出沙漠。当地一个叫阿古特尔的青年，跟随着肯莱文，一直向着北斗星的方向走，用三天时间走出了沙漠。

多年以后，比塞尔成了远近闻名的旅游明珠。比塞尔人在村子中央小广场上，设立了一个阿古特尔的铜像，铜像的基座上镌刻着一句话：新生活从选定方向开始。

这个故事告诉我们，选择方向对人生规划具有重要意义。

3. 我们需要人生规划的启蒙

长期以来，我国人生规划教育滞后的现象相当严重，启蒙晚，且内容零碎。一般认为，我国真正意义上的人生规划教育出现在高中末期，考大学填志愿这个阶段，有的甚至更晚，到大学毕业找工作时才知道有人生规划这一说。为什么这么晚才开始"规划"自己的人生呢？这与我们的教育传统有关，忽视"人生规划"的意识与能力教育。多少年来，我们一直在教育学生"树立人生远大目标"，但只有口号，没有具体的目标与要求，更缺乏教育理论的指导。只有零星的职业教育和就业指导课程。普遍认为，人生规划就是上一所好小学、好中学、好大学，最终找一个好工作。至于学生的兴趣在哪里，发展的生长点在哪里，事业的突破点又在哪里？却很少有人认真考虑。

著名作家柯林·威尔森说："在我们的潜意识中，在靠近日常生活意识的表层的地方，有一种'过剩能量储藏箱'，存放着准备使用的能量，就好像存放在银行里个人账户中的钱一样，在我们需要使用的时候，就可以派上用场。"这种生命的潜能就是我们"发展的生长点"。然而，在我国，很多学生填报高考志愿时，不了解自己的兴趣是什么？不知道自己蕴藏的潜能是什么？也不知道应该去哪里深造？只知道考这个分数可以上什么档次的大学。所以，有30%以上的大学生所学专业不符合自己的兴趣与特长，有50%以上的工作人员所从事的工作不符合自己的兴趣与特长或者学非所用。

人生规划教育，可以帮助青少年们理性地思考自己的未来，初步尝试"什么年龄想什么事，什么年龄干什么事"的人生选择。

4. 可资借鉴的域外生涯教育

（1）西方生涯教育理念

在西方，规划人生属于生涯教育的范畴。上世纪初，随着美国职业教育的兴起与发展，以人的生命历程中就业指导为核心的生涯教育被提了出来。1908年，"职业辅导之父"——美国波士顿大学教授帕森斯（Parsons）创办了波士顿职业指导局，并于1909年出版了《选择职业》一书。该书第一次运用"职业辅导"这一概念，并系统阐述其职业选择理论——特质因素理论，建构了帮助青少年了解自己、了解职业，以及人职相配的职业指导模式。1951年，金斯伯格（Ginsberg）通过对不同家庭背景的大学生职业选择过程及其间所遇到的问题进行研究，提出了"职业发展是一个与人身心发展相一致的过程"理论，并出版了《职业选择》一书。在此基础上，舒伯（Super，1953）提出了生涯发展理论，认为"生涯是生活中各种事件的演进方向和历程，它统合了人一生中的各种职业和生活角色，同时表现出个人独特的自我发展形态。"在他看来，生涯不仅止于工作或职业，还包含了个人的生活风格，与个人一生中所从事的所有活动。舒伯生涯发展理论的提出被认为是生涯辅导形成的标志，是职业辅导与生涯辅导的分界线。

20世纪60、70年代美国的失业率很高，反映出学校所培养的人不适应雇主的要求。1970年，美国联邦教育委员会詹姆斯·艾伦（James Allen）在调查中发现，教育与社会的脱节与不适应，于是便提出教育的目标应调整为应对"工作"的导向。随后，美国联邦教育署署长悉德尼·马兰（Sidney P. Manland，1971）正式提出"生涯教育"的观念及构想。认为，改变职业辅导重视职业能力的培养而忽视人格的成长和完善的偏向，旨在培养人格上能干的人，而非职业能力上能干的人，将工作价值与态度、情感等因素纳入到生涯教育之中。

（2）港台生涯教育实践

台湾地区生涯教育。台湾地区，1999年9月30日公布的《国民教育阶段九年一贯课程总纲要》明确规定，"生涯规划与终身学习"是国民十大基本能力之一。一至九年级要培养学生的生涯发展能力，应该抓住三个重点：即自我觉察、生涯觉察与生涯规划。具体的课程目标包括：

①了解自己，培养积极、乐观的态度及良好的品德、价值观；

②认识工作世界，并学习如何增进生涯发展基本能力；

③认识工作世界所需一般技能，培养独立思考及自我反省，以扩展生涯发展信心。

④了解教育、社会及工作间的关系，学习各种开展生涯的方法与途径；

⑤运用社会资源与个人潜能，培养组织、规划生涯发展的能力，以适应社会环境的变迁。

台湾地区生涯教育还制定出了各学段教学的具体要求。

表3　台湾地区生涯教育各阶段的教学要求

阶段	年级	特征
生涯觉醒	幼稚园至国小六年	自我、职业角色、工作的社会角色、社会行为及应负责任等的觉醒
生涯探索	国小六年至高一	发展有关自我和工作世界的概念及基本技能、生活知识、决策技能和其他生涯选择的重要因素。
生涯定向	国三至高一	发展进一步职业知识，评介工作角色；发展工作的社会及心理层面知识，澄清自我概念，及社会可接受的行为；了解生涯计划的基本要求。
生涯准备前段	国三至高三	述说进入行业所需要的知识，首先了解工作的社会和心理因素，拟定教育或训练的计划；澄清对代表性职业的兴趣和性向；探讨职业偏好后的连续结果。
生涯准备后段	专科及大学院校	进一步探索兴趣及性向并重新认定职业选择，发展生涯专长技能知识及进一步的人际关系；正式进入选定的教育或职业旅途。

（周谈辉／整理）

香港地区生涯教育。香港人认为，事业对人生有着深远的影响，职业不仅仅是谋生的手段，也是生存的需要，是人一生中生活的核心。因此，香港人将生涯教育贯穿于学生在校生活的始终。他们认为，学生的发展就是生命的成长状态，应该有方向性、目的性。他们生涯教育与就业结合很紧，主要包含四个方面：①学习如何谋生；②学会如何学习，包括如何利用学校教育发展潜能，增进知识、加强能力；③学习如何生活，从社会活动中体验工作；④学习建立良好的人际关系。学校不仅通过各种活动来进行生涯教育，如开设多种讲座，讲述生涯规划的模式，澄清生涯价值观，鼓励投入生涯发展，开设多种生涯"工作坊"；而且还实行个别辅导，由专业心理辅导人员进行面谈，促进学生获取生涯发展的信心和能力。

现代研究表明，青少年11～17岁是个体生涯发展的尝试期，依次经历分别由兴趣、能力和价值观起主导作用的几个时期，是生涯发展重要而关键的阶段。18岁之前，个体将形成自己的人生观和世界观，其中包含发展职业想象能力、培养职业兴趣和能力等内容。所以，基础教育阶段，尤其是中学阶段是个体生涯发展的重要阶段，一旦错过就会对学生造成不可弥补的损失。因此，不失时机地对青少年开展生涯教育，已经成为我国学校教育一项刻不容缓的工作。

资源示例

小陈是一位中等专业学校一年级的男生，他活泼好动，待人热情，不喜欢刻板的生活，特别喜欢小孩，有亲和力。可是他现在读的却是会计专业。他觉得一名财会人员天天坐办公室，与账本打交道，一点意思也没有。他自己想转到幼教专业去，毕业后当一名幼儿园老师，甚至想当园长。但他的父母不同意，他的不少同学也不赞成，说哪有男生当幼儿园老师的。

后来他向职业指导室的老师请教，职业指导老师告诉他，幼儿园非常需要一些男生去，改变清一色的女性化局面，以提升孩子们的阳刚之气。经过思考，他决心冲破传统的男女职业分工观念，转到幼教专业。

教学建议

1. 想一想，小陈的选择与普通人有什么不同？他为什么会有这样的选择？

2．了解兴趣、性格与能力等基本概念；并结合具体案例分析兴趣、性格与能力和职业生涯的关系，思考兴趣能培养，性格能调适，能力能提高等重要的就业问题。

3．在小纸片上写下"自己从小到大喜欢做的事情"，思考你自己是如何培养兴趣的。

第二节　做真实的自我

1. 认识真实的自己

要做真实的自我，首先必须认识自己。由于自我认知的偏差，很多人往往可能被一些假象所迷惑，而模糊了认识真实自我的双眼，以至于毁掉了自己的前程。这种例子在我们的生活中随处可见。

在美国的底特律贫民区里，有一个名叫R·热佛尔的黑人青年。小时候缺乏爱抚和指导，成天和一群坏孩子生活在一起，学会了逃学、破坏财物和吸毒。从12岁开始，就因偷盗、抢劫多次被送进监狱。18岁那年，他又因为参与对一家酒吧的武装打劫，再次被送入监狱。

一天，监狱里一个年老的无期徒刑犯看到他在打垒球，便对他说："你是有能力的，你应该做些你自己的事，不要自暴自弃！"

老囚犯的这席话仿佛让R·热佛尔认识到真实的自己。经过反复思索，他最终决定：痛改前非，重新做人，当一名垒球手。

五年后，R·热佛尔假释出狱，如愿以偿地成了全明星赛中底特律老虎队的队员。一年后，他成长为垒球队的主力队员。

R·热佛尔之所以能从囚徒到明星，就得益于他对真实自我的再认识。苏格拉底说："一切智慧都基于自我认识。"自我认识的过程，实际上是一个自我意识不断觉醒的过程。所谓自我意识，是个体对自己以及自己与外部世界关系的认识，不仅包含了对自己的认识，也包含了对自己的主动改造。

有人说，认识自己比认识世界还难。这是因为有人习惯从别人的赞赏中放大自己，结果飘飘然；有人常常在别人的议论中扭曲自己，结果昏昏然。实际上，我们每一个人都需要在人生的体验中，慢慢地认识自己：我的优点是什么，缺点在哪儿；我能做什么，不能做什么；我应该追求哪些，应该放弃哪些……因为，只有真正认识自己之后，我们才能找准人生的方向，才能开始快乐的生活。

2. 人要为自己而存在

在斯坦福大学的毕业典礼上，史蒂夫·乔布斯（Steve Jobs）列出了做真实自己的三大益处：即会让自己更愉悦地接受自己，减轻自己的压力和焦虑；使自己成为更好的伴侣、父母、朋友；让自己成为一个更美好的人。

在他看来，了解真实的自己是成就大事的前提。你需要了解那个真实的你，而不是你的品牌、名誉、你的过去抑或他人对你的看法。为什么你不应该过他人的生活？很简单，因为首先你不是"其他人"，你的本性总有一天会现形。所以，请放开你的品牌形象，努力发掘真实的自我、努力把自己经营成最好的自己。

作为社会的个体，首先是为自己的存在而存在，而不是任何其他人而存在。只有这样，人才能淡化烦恼，使人变得轻松。如果我们成天被别人控制着，那怎样表达自己的情感、智慧和观点呢？即便我们生活在一定的社会环境中，受到各种因素的约束或者干扰，但本性不能改变。不要迎合他人的期待，不要取悦他人，要对自己的真实存在负责！

进入中学后，社会和家庭对我们的期许多了，无意中带给我们巨大的压力。比如要求我们好好学习，上理想的高中，将来能考上名牌大学，等等。自己有多大能耐，自己知道。老老实实走自己的路，不要被这样或那样的"期许"所左右，做一个力所能及的真实的自己。

3. 保有生命的纯真

一个初中女生在日记里写下了自己的困惑，可能有一定的代表性。

今天，来参加我14岁生日聚会的朋友真不少。当我把朋友们送走后，爸妈便把我叫到了他们的房间里。接着，他们非常慎重地给我谈了很多陌生的话题：什么见面只说三分话，不可全抛一片心；什么今后学习上帮助同学不要傻乎乎地什么都教给别人，要留点关键的东西，保不准将来他就是你最大的竞争对手；什么不要整天嘻嘻哈哈，一点城府都没有，别让人家一眼就看穿了你的心思……我头都大了。父母的面容在我的眼前突然模糊起来。难道这就是我长大的代价么？今后我就要把真实的"自我"隐藏起来，戴个虚伪的面具穿行在这个世界上？

我觉得：做事瞻前顾后，做人缩手缩脚，那多没意思啊！还是坦坦荡荡，真实一点好。

做真实的自我，必须保持生命的纯真。生命纯真是生命的活力与希望。保持生命的纯真，就会用积极的心态去面对人生，面对生活中每一次的成功与挫折。只有生活在真情实感中，我们才会发现这个世界到处充满着爱。

只有保持生命的纯真，我们才能用自己的眼光去观察世界，用自己的头脑去思考生活。做最好的自己，忠于自己内心的感受，不讲空话、套话、假话；追求美好的心境，保持一颗积极向上、乐观的童心，应该成为我们永远的追求。

2012年4月，江苏启东汇龙中学爆出一条新闻。一名叫江成博的高二学生在学校的升国旗仪式上，将老师"把过关"的一篇主题为"如何树立远大理想"的演讲稿，偷换为一篇"做美好的自我"的演讲，可谓惊世骇俗。

同学们：

在这个庄严的时刻，我要告诉大家，我们接受的是什么教育？

根据调查，中国孩子计算机能力世界倒数第一，创造能力世界倒数第一，没有一个诺贝尔奖是接受中国教育而获得的，泱泱大国，亿万学子，能不害羞？这难道就是我们接受16年教育的结果吗？我们不能只为父母的理想而努力，应该有自己的理想。

这种变味的教育学了能有什么用？就是考上大学又能如何？找到工作又如何？我们不是机器，即使是机器，学校也不该把我们当成追求升学率的工具！

在这样的教育下，我们都在争取什么呢？都变成了什么人呢？

我们有的人充满嫉妒，嫉妒别的同学比自己考分高，不愿跟他们为伍，由嫉妒产生自卑；我们有的人充满孤独，长期泡在题海里，没有好朋友，又不愿跟爱玩的同学为伍，回头发现我们何其孤独！同学们，你们有没有感觉到？

……

如何树立远大理想？请先给我们自由生活，请归还我们快乐成长的时光！

国旗下的演讲变成了对现代教育的"讨伐檄文"，语出惊人，舆论一片哗然。对此，褒贬不一。有很多人叫好，比如，北京理工大学高等教育研究所的杨东平教授认为，江成博有批判性思维和道德勇气，能"为活出自我而去努力"。上海交通大学熊丙奇教授也认为，一个健康、多元的校园应该允许学生的个性表达，学生的行为应该受到鼓励。当然，也有人认为其行为"偏激"。总之，舆论对江成博追求"做美好的自我"，忠于内心的感受，不迎合不讲套话的精神给予赞赏。难能可贵的是，主持活动的徐辉副校长表现得很宽容，既没有关掉麦克风，也没有让学生中途下场，而是满足了学生情绪的倾泻以及生命个性的张扬。

4. 面对真实的生活

做真实的自我，必须有一种从容淡定的生活态度。在中学生活中，考试失误、同学冷落、老师批评、家长埋怨等是常有的事。比如随着中学课程难度的增加，很多同学的学习成绩会迅速下滑，并常常生活在"失败者"的阴影之中。这就要注意保持情绪的稳定性，不要如愿以偿时，精神振奋，眉飞色舞；事与愿违时，精神萎靡，垂头丧气。挫折与失败本来就是生活的常客。生活不会尽善尽美，经历坎坷才是真实的人生。我们只有从容地面对，克服自卑心理，消除内心的烦恼，减轻心理的压力，才能成就一个真实的自己。

中学生已经具备一定的自我调适能力，如适时调控，可以避免情绪波动造成的不利影响。方法之一，正确评价自己。身处逆境中，不要成为不良情绪的奴隶，轻易怀疑自己的能力而成为情绪的俘虏。要善于用意志力来控制自己的情绪，理性地面对现实，冷静地分析所处形势，正确地评价自己，让自己朝积极的方向思考。方法之二，适当宣泄情绪。情绪积累到一定程度就需要发泄。当遇到不愉快的事时，有苦你就诉、有泪你就流，或者干脆把苦恼、愤恨统统写在纸上，然后撕个粉碎。心情不好，玩玩发泄球，也可以调整自己的情绪与心态。千万别把事情憋在心里，生闷气。找几个知心朋友，就事论事倾诉一番，把自己积郁的消极情绪倾诉出来。方法之三，改变不利环境。当你心情烦躁时，换件舒服的衣服、听听音乐、做做健美操、打打球、看看漫画，到郊外走一走，或者与心理导师交流交流，分散你的注意力，让你心情舒畅。

泰国华裔商人施利华，在亚洲金融危机之前，他是叱咤风云的人物、著名的亿万富翁。1997年的一场金融风暴使他除了一身债之外什么都没有了。面对这一惨败，他只说了一句："好哇！又可以从头再来了！"他从容地走进街头小贩的行列，开始街头叫卖三明治的新生涯。一年之后，"施利华三明治"在泰国已是人尽皆知，在1998年泰国《民族报》评选的"泰国十大杰出企业家"中施利华名列榜首。谈到成功的经历，他说："人倒霉不一定是坏事，就看你怎么去对待它"。

5. 做一个有正义感的人

维护社会的公平与正义既需要法律法规的约束，更需要每个社会人士的积极参与。因此，培养人的正义感是人生命健康成长的重要因素。

做一个有正义感的人需要分清是非。很多人心地善良，疾恶如仇，充满正义感，但由于明辨是非的能力差，往往临阵犯迷糊。尤其是在遇到一些新情况、新问题的时候。比如，考场舞弊本该制止，大家却见怪不怪，有的人甚至在某种私欲的驱使下迷失了是非观念，助纣为虐，破坏了良好的社会风气。提高辨别是非能力最基本的方法，就是要加强学习，特别是要加强道德修养提升法规意识，知道社会提倡什么，反对什么。

做一个有正义感的的人，需要身体力行。维护社会的公平正义，人人都是参与者，而不是旁观者。只有这样才能众志成城，形成合力。建立一个良好、有序的社会环境，需要大家的共同努力，我们必须彻底摒弃那种"事不关己，高高挂起"的陈腐观念，积极倡导良好的社会公德，努力践行尊老爱幼、救死扶伤、扶贫济困、抢险救灾等行为，做一个富有正义感的人。

在美国波士顿犹太人屠杀纪念碑上，铭刻的一位名叫马丁·尼莫拉（Martin Niemoller）的德国牧师留下的短诗——《沉默不可取》。诗中这样写道：

在德国／起初他们追杀共产主义者／我不说话／因为我不是共产主义者

接着他们追杀社会民主主义者／我不说话／因为我不是社会民主主义者

后来他们追杀工会成员／我不说话／因为我不是工会成员

之后他们追杀犹太人／我还是不说话／因为我不是犹太人

最后他们要追杀我／但再也没有人站起来为我说话了

二战时，马丁·尼莫拉因反对希特勒的犹太政策和对德国教会的控制，被希特勒抓进了集中营。最后在各方正义力量的协助下，才逃过纳粹的迫害。战后，马丁·尼莫拉致力于和平及反核活动，为德国社会道德重建立下了不朽功勋。这首诗是马丁·尼莫拉在晚年忏悔自己当年的道德污点时写下的。这段"碑文"寓意深刻，它精辟地阐述了人世间正义与邪恶、自我与社会、助人与被助的辩证统一关系。

资源示例

《能闻出孩子味儿的乌龟》是杨红樱的《笑猫日记》系列之一。它讲述的是一只背上刻满了甲骨文的乌龟，突然闯入了我的秘密山洞。乌龟说，只要生活在有孩子味儿的地方，心就永远不会老。在大雨连绵的深夜，乌龟驮着我们穿过城市中密林般的楼群，一路闻着孩子味儿找到了马小跳家。一个不同寻常的暑假，就这样开始了。

孩子味儿到底是什么味儿？原来孩子味儿就是有童心，有童心才会有一个快乐的、真正的童年，有童心的孩子眼里总有一种纯纯的感觉。马小跳和他的几个小伙伴们就有着十足的"孩子味儿"。

这本书里的人物很有趣，故事更有趣。笑猫有一个秘密山洞，就在翠湖公园里。有一次，下起了大雨，把笑猫的秘密山洞给淹没了，幸亏还有一只神龟，带它游到了马小跳的家，马小跳的爸爸妈妈热情地招待它们。后来，马小跳的爸爸妈妈要去度假，就把马小跳、笑猫和乌龟交给了杜真子的妈妈，也就是马小跳的姨妈。她给马小跳和杜真子制定了一张"学习计划表"，乌龟实在看不下去了，就往杜真子的妈妈身上吐了一口气。你可不能小瞧这一口气，这口气是乌龟肚子里积了一千万年的气体，是一种可以让人嘴肿起来的气体。结果，把杜真子的妈妈吓坏了，吓得她赶紧离开家，只能用电话"远程电话"控制他们……

这本书让我们思考这样一个严肃的问题：为什么现在的孩子"孩子味儿"越来越少了？大概是因为压力太大了吧！整天泡在作业之中，没有欢乐，没有童趣。一个人在家，孤单无趣，听不见和小伙伴们的欢声笑语。如果学校少些作业，没有测验和考试，那该多好呀！童年就应该有童趣，有童趣的孩子就是真正的孩子。

孩子就应该有孩子的主张，不要总是生活在成人的指挥棒下，让孩子们拥有一个健康、快乐的童年吧！

 教学建议

1. 组织阅读杨红樱《笑猫日记》系列童书。
2. 减少学生被安排的学习内容，把课余时间归还给孩子们。
3. 课余时间，和孩子们一起做他们喜欢做的活动。

第三节　直面挫折与苦难

每一个人都希望自己的人生道路一帆风顺，心想事成。但是在现实生活中，挫折与苦难却常常如影随形，让我们迷惘、彷徨。如何直面挫折与苦难，把稳自己的人生之舵呢？法国作家雨果说："当命运递给我们一个酸柠檬时，让我们设法把它制造成甜的柠檬汁。"对于生命中的挫折与苦难，我们无法选择，也无法逃避，唯一可行的办法就是积极正视，勇于挑战。

1. 挫折与苦难是人生的一段旅程

人生是一次漫长的旅程，其间有鸟语花香的浪漫，也有昏天黑地的挫折与苦难。挫折常常与痛苦、沮丧和不安等"心理"相随，苦难往往与灾难、疾病和恐惧等"不幸"相伴，以偶然或必然的形态沉浮于生命的时空里，让我们的肌体和思想遭遇困苦的折磨。俗话说，人生逆境，十之八九。挫折与苦难是人生中最真实的内容，是生命中不可缺少的组成部分，是别样的生命体验。

德国天文学家开普勒从童年开始便多灾多难，在母腹中只待了七个月就早早来到了人间。后来，天花把他变成了麻子，猩红热又弄坏了他的眼睛。但他凭着顽强、坚毅的品德发愤读书，学习成绩遥遥领先于他的同伴。后来因父亲欠债使他失去了读书的机会，他就边自学边研究天文学。

在以后的生活中，他又经历了多病、良师去世、妻子去世等一连串的打击，但他从未停止天文学研究，终于在59岁时发现了天体运行的三大定律。他把一切不幸都化作了推动自己前进的动力，以惊人的毅力，摘取了科学的桂冠，成为"天空的立者"。

俗话说："天有不测风云，人有旦夕祸福。"在人生的道路上，遭遇挫折与苦难是很正常的。关键是面对挫折与苦难，我们要有一个好的心态。心态好了，你会想到"不经历风雨，怎能见彩虹""留得青山在，不愁没柴烧"。心态不好，你就会茫然不知所措，或者一蹶不振……因此，有人说，面对生命中的苦难，最重要的是自己拯救自己。

2. 面对"青春的磨难"

一个人在人生旅途中，总会遇到一些挫折和磨难，比如贫困、疾病、失业或者家庭变故，等等。处于青春期的少年们面临的"磨难"，则属于生命成长中所特有的经历，比如青春期成长中的烦恼、学业竞争的激烈、人际交往的复杂，等等。每个人所处的环境不同，自各所遭遇的磨难自然是不一样的。有的为学习而纠结，有的为情感而烦恼……如何面对这种种磨难，这不仅关系到眼前的生活，更关系到将来的发展。因此，我们要学习和提升生命实践能力，为将来应对风雨人生打好基础。

青少年在成长过程中会面对来自社会、家庭和文化三种心理逆境，比如学业竞争、情感纠葛、自卑自贱等就是其中最明显的反映。在一定的情境中，如果消极的挫折适应方式一旦被习惯化、稳固化，压力不但得不到缓解，还会对中小学生的心理产生负面影响。我们生活在一个充满诱惑的时代，如果我们消极应对，甚至采取一些极端的做法，必然会产生严重的后果。冷静面对并妥善处理这些青春期的心理磨难，是青少年走向成熟的必由之路。

3. 建立挫折心理防御机制

心理防御机制是指个体面临挫折或冲突的紧张情境时，在其内部心理活动中具有的自觉或不自觉的解脱烦恼，减轻内心不安，以恢复心理平衡与稳定的一种适应性倾向。这种心理防卫机制既有积极的意义，也有消极的意义。其积极的意义在于能够使主体在遭受困难与挫折后减轻或免除精神压力，恢复心理平衡，甚至激发主体的主观能动性，激励主体以顽强的毅力克服困难，战胜挫折。其消极的意义在于使主体可能因压力的缓解而自足，或出现退缩甚至恐惧而导致心理疾病。遇到挫折时，我们要趋利避害冷静分析，从客观、主观、目标、环境、条件等方面，找出受挫的原因，采取有效的补救措施。

心理学研究表明，人在受挫时往往自觉不自觉地寻找和使用一些策略和方法，应对或适应所面临的挫折情境，达到心理平衡，这些无意中运用的方法、手段就是挫折的心理防御机制。在生命教育中，青少年常用的方法主要有以下几类：

补偿。原先的预期目标受挫，可以改换别的途径达到目标，或者改换新的目标，以求获得新的胜利，即"失之东隅，收之桑榆"。比如，有的同学身材矮小不能在运动场上出类拔萃，就可以刻苦攻读，收到品学兼优的效果。

宣泄。将积压在心中的苦恼、愤怒、悲伤等负性情绪以合理的方式发泄出来，比如找知心朋友或信得过的师长谈心；以日记、书信的方式述说情怀；到空旷的地方放声歌唱……通过这些方式宣泄负性情绪，改变内心的压抑状态，以求身心的轻松，从而让目光面向未来。

转移。离开当前的挫折情境，将自己的情感和精力转移到有益的活动中去，展示自己生活中美好的一面，比如更换学习环境，去野外郊游，参加体育活动……投身新的环境，以摆脱痛苦，达到心理平衡。

人们应对挫折较为积极有效的方式应该是针对挫折进行直接的调整与改变：积极主动地适应挫折情境，自觉有效地调节心理矛盾，不断协调内外部环境，使其有利于个体的发展和提高。

4. 挫折是人生的财富

生命需要苦难来打磨。苦难使我们接纳自己的现实处境，使我们谋求自我的蜕变和新生。英国哲学家培根说过："超越自然的奇迹多是在对逆境的征服中出现的。"从这个意义上说，挫折将是人生的一笔财富。美国人杰西卡的成长给我们诠释了"挫折是人生的财富"这一精辟论断。

她出生时就没有双臂。懂事后，她问母亲："为什么别的小朋友都有胳膊和双手，可以拿饼干吃，拿玩具玩，而我却没有呢？"

母亲强作笑脸，告诉她说："因为你是上帝派到凡间的天使，但是你来时把翅膀落在天堂了。"她很高兴："有一天我要把翅膀拿回来，那样我不但能拿饼干和玩具，还会飞了。"

七岁上学前，母亲请医生为她安装了一对精致的假肢。那天，母亲对她说："我的小天使，你的这双翅膀真是太完美了。"但她却感觉到，这双冷冰冰的东西并不是自己的那双翅膀。在学校里，缺少双臂的她，成了同伴们取笑的对象。

课余时间，同学们最大的乐趣是荡秋千，而她只能站在远处痴痴地看着。只有在他们离开后，她才偷偷地走到秋千旁，用那冰冷的假肢勾住绳子，努力地踮起小脚尖，坐上秋千板。她坐稳后，那瘦小的身子前后使劲地晃动着，慢慢地，秋千荡了起来。这时，她闭上眼睛，听耳边掠过的风声，想象自己找回了失去的双臂，像天使一样在操场上空飞翔。

14岁那年的夏天，父母带她乘船到夏威夷度假。

每天，她都站在甲板上，任两截空飘飘的衣袖随风飞舞，每当看到海鸥在风浪中自由飞翔，她都情不自禁地叹息："如果我有一双翅膀多好，哪怕只飞一秒钟！"

"孩子，其实你也有一双翅膀的！"一个苍老的声音在她耳边响起，她循声望去，吃了一惊！一位黑皮肤的老人，没有双腿，整个身体就固定在一个带着轮子的木板车上。此刻，老人用双手熟练地驱动着木板车，在甲板上自由来去，她看呆了。她了解到，老人是十年前从非洲大陆出发的，如今已经游遍了世界五大洲的70多个国家，而支撑他"走"遍世界的，就是一双手。"孩子记住，那双翅膀，就隐藏在你的心里！"船靠岸那天，老人的临别赠言让她整颗心一下子飘荡起来。

她开始练习用双脚做事。为了让双脚保持柔韧有力，她每天通过走路和游泳的方式来锻炼。不懈的努力让她的双脚越来越敏捷，她的脚趾开始能像手指一样自由弯曲，她不但学会了写字、梳头、打电脑、弹钢琴，还获得跆拳道"黑带二段"的称号和亚利桑那大学心理学学士学位。她练习用双脚来开汽车，事实上，她比普通人更快拿到了驾照。

一路走来，她的成就已足够令自己和父母骄傲了。但童年时那个飞起来的梦想却总让她挥之不去，她要像天使一样自由飞翔。

一次培训残疾飞行员的机会让她欣喜若狂。她认定这是属于自己的机会。获得轻型飞机的驾照需要学习6个月，她却用了整整3年时间。经过艰苦训练，她可以用双脚熟练驾驶轻型运动飞机，并成功通过私人飞行员驾照考试，这让教练都惊叹不已。

她叫杰西卡，今年23岁，是美国历史上第一个只用双脚驾驶飞机的合法飞行员。

心灵与梦想，是每个人与生俱来的隐形翅膀，只有勇于展开它们的人，才会飞起来，超越一切，抵达幸福的人生彼岸。

（根据《隐形的翅膀》一文改编）

为什么快乐的时光很容易打发，痛苦的过程总是那样漫长。这是因为，挫折与苦难在磨砺我们的意志，强化我们的记忆，书写着它之于人生的特殊意义。我们只有从容地接受生命中的这些挫折与苦难，才能使"缺憾"闪耀出人性的光辉。一位哲人说过："一个历经坎坷而仍然热爱生命的人，他胸中一定藏着从痛苦中提炼的珍宝。"不经历苦难，生命就不会有极致的绚烂。

 **资源示例**

太原市坞城村是一个陪读家长集中居住的陪读村。来自大同市的郑大姐和女儿就租住在这里。

读高中的女儿不习惯住学校宿舍。于是，42岁的郑大姐便辞掉了薪水不错的工作，到省城照顾女儿的生活起居。丈夫则留在老家工作供养她和孩子。

郑大姐现在每天的作息时间完全围着女儿转。早上6点半起床，给女儿买豆浆或鲜奶、煮鸡蛋；8点买菜，11点做午饭；下午做些零活，5点做晚饭；晚上有时出去散散步，顺便接上晚自习的女儿回家；10点钟为女儿弄夜宵，然后守着她做作业；深夜12点左右女儿入睡后自己再睡觉。

教学建议

在我国，"陪读"已成为一个严重的社会问题。从小学到中学到大学，从学士到硕士到博士，从中国到美国到英国，有些父母甚至不惜举家搬迁，就为了能照顾孩子的饮食起居。殊不知，这种以"爱"的名义做出来的事情，会对孩子的一生产生多大的负面影响！

1. 试根据生命成长的一般规律，分析陪读问题的社会背景及其对学生成长所带来的负面影响，并提出你的见解。

2. 调查身边的"陪读"现象，并组织专题讨论，鼓励学生做一个思想独立、生活自理的人。

第四节　活出生命的意义

奥地利精神医学家维克多·弗兰克（Viktor E. Frankl）在他的《活出意义来》一书中说："一个人不能去寻找抽象的生命意义，每个人都有他自己的特殊天职或使命，而此使命是需要具体地去实现的。他的生命无法重复，也不可取代。所以每一个人都是独特的，也只有他具有特殊的机遇去完成其独特的天赋使命。"青春期是生命成长的一个重要阶段，承上启下，对生命价值观的形成具有特殊的意义。我们要努力完成自己在这一阶段的"天赋使命"，活出生命的意义来。

1. 追求高雅的生活情趣

生活情趣是一个人思想意识、文化修养、生活态度的综合体现。它是人的一种内在的禀赋，是经过长期修养而形成的生活品位及其对生命的感悟与理解，是高于现实法则的一种浪漫情趣。高雅的生活情趣，有益于个人的身心健康，符合现代文明的要求，也符合科学精神和科学生活的要求。庸俗的生活情趣，不利于青少年的身心发展，甚至有害于身心健康，往往使人看不到生活中丰富多彩的一面，也看不到生活的美好远景，只能看到眼前的事物，追求暂时的快乐。

青少年时代正是人生的起步阶段，赋予生命一些烂漫的情趣，无异于为我们的生命涂上一层靓丽的色彩。

（1）培养乐观、幽默的生命品质

乐观、幽默是一种良好的心理品质，是人们陶冶高雅生活情趣的重要条件。一个乐观、幽默的人，对生活中美好的一面往往比较敏感，能及时抓住其有趣的一面，恰当地表达自己的思想和感受，并能给周围的人带来快乐。在现实生活中，挫折和失败是常有的事，如果我们承受挫折的心理能力弱，又缺乏自我解嘲的幽默感，焦虑情绪就会不断地困扰我们。因此，有人视乐观和幽默为心理压力的减压阀。一个具有乐观、幽默生命品质的人，即便遭遇困难，也能轻松应对。

人际吸引理论告诉我们，人类喜欢拥有相似态度或价值观的人。幽默有时可以促进人际的沟通与交流，成为发展友谊的第一步。即便生活中的摩擦和冲突伤害了相互的感情，适当的幽默也不失为一种和解的方法，没准还能化解剑拔弩张的尴尬。具有幽默感的人在日常生活中人缘关系都比较好。他们可以在短期内赢得对方的好感和信赖，拉近人际交往之间的距离。于是，有人认为，幽默是一种人际关系的润滑剂。

1971年，基辛格博士为恢复中美外交关系秘密访华。在一次正式谈判尚未开始之前，基辛格突然向周恩来总理提出一个要求："尊敬的总理阁下，贵国马王堆一号汉墓的发掘成果震惊世界，那具女尸确是世界上少有的珍宝啊！本人受我国科学界知名人士的委托，想用一种地球上没有的物质来换取一些女尸周围的木炭，不知贵国愿意否？"

周恩来总理听后，随口问道："国务卿阁下，不知贵国政府将用什么来交换？"基辛格说："月土，就是我国宇宙飞船从月球上带回的泥土，这应算是地球上没有的东西吧！"

周总理哈哈一笑："我道是什么，原来是我们祖宗脚下的东西。"基辛格一惊，疑惑地问道："怎么？你们早有人上了月球，什么时候？为什么不公布？"

周恩来总理笑了笑，用手指着茶几上的一尊嫦娥奔月的牙雕，认真地对基辛格说："我们怎么没公布？早在5000多年前，我们就有一位嫦娥飞上了月亮，在月亮上建起广寒宫住下了，不信，我们还要派人去看她呢！怎么，这些我国妇孺皆知的事情，你这个中国通还不知道？"周恩来总理机智而又幽默的回答，让博学多识的基辛格博士笑了。

（2）追求健康的休闲生活方式

休闲是指在工作之余以各种"玩"的方式求得身心调节与放松，达到生命保健、体能恢复、身心愉悦的一种业余生活。休闲有高雅与低俗之分。我们要远离黄、赌、毒等低级庸俗的休闲生活，选择文明绿色健康的休闲生活。

现代生活中，随着生活节奏的日益加快，人们的工作紧张程度越来越大。很多时候我们需要学会"忙里偷闲"用健康的休闲方式来舒缓生活的压力。于光远说："人一忙就容易乱，头脑不清醒；人一忙也容易烦，心情不能平和；人一忙就容易肤浅，不能研究问题，不能冷静认真思考。"那些学会了既能享受工作又不浪费自由时间的人，才会感到他们的生活是一个整体，才会感到生命的价值。

健康的休闲方式可分为四类，即运动休闲、养生休闲、文化休闲和旅游休闲等。不同的生命个体，在休闲方式的选择上也应该是不一样的。

中学阶段学习任务繁重，休闲时间相对较少，看电视、玩游戏几乎成为绝大部分中小学生的休闲活动。因此，我们要引导青少年合理利用课余时间，开展多样化的休闲活动。双休日，组织远足、棋类、球类、艺术类活动；寒暑假，组织参观名胜古迹、游历名山大川等活动，提升休闲品质。

随着多元文化的发展，街舞、轮滑、网上冲浪等新兴的休闲方式进入到了我们的生活中，深受到广大青少年的青睐。当然，休闲也要趋利避害，确保休闲的安全与健康。

（3）高雅生活情趣培养有秘诀

教育实践表明，中小学培养学生高雅生活情趣的方式方法很多，主要途径有三条。

第一，热爱生活，以阳光般的心态面对生活。高雅的生活情趣来源于对生活的热爱，对生活中美的感受。英国物理学天才史蒂芬·霍金（Stephen Hawking）身体严重瘫痪，但乐观的他用莎士比亚剧作《哈姆雷特》里的台词"即使把我关在果壳里，仍然自以为无限空间之王"来形容自己的处境，表现出他热爱生活、热爱科学、积极向上的生活态度。当代中小学生活节奏快，学习压力大，我们更应该以乐观的态度笑对生活。

第二，兴趣广泛，在探索真善美的过程中增添生活的情趣。所谓兴趣，就是人们积极探究某种事物或进行某种活动的倾向。当人们对某件事感兴趣时，就会喜欢它，关心它，并乐此不疲地去琢磨它。在应试教育的背景下，中小学生的学习兴趣比较单一，对与考试关系不大的内容，一般较少关注和涉猎。这是导致我们生活情趣缺失的重要原因。青少年思想活跃，好奇心强，必须兴趣广泛，在探索真善美的过程中，增添自己生活的情趣。

面对五光十色的社会生活，我们要学会独立思考，自主判断，不要被从众心理所左右，要勇于对不良嗜好说"不"。比如在好奇心驱使下，学习超前消费、抽烟、酗酒，等等。好奇心是我们行为的动力，它可以驱使我们去探索未知世界的奥秘，获得新的感受，给我们的学习和生活增添新的情趣，但好奇心的方向如果把握不好，也可能让我们误入歧途。因为，追求真善美，带给我们的是高雅的生活情趣；追求假丑恶，带给我们的将是庸俗的生活情趣。

第三，丰富文化活动，提高审美能力。丰富的文化生活是陶冶高雅生活情趣的重要途径。中小学生不能局限于课堂文化知识的学习，还要拓展文化生活领域，积极参加各种文体活动，亲近大自然，从而使自己的文化生活越来越丰富，知识面不断扩大，不断提高审美能力和欣赏水平，使我们的情趣更加高雅。

2. 突破生命的局限

对于生命的局限，人们往往会以百般的努力，最大限度地去突破它。其实，人类社会进步的历史，就是一部不断突破自身局限的历史。从丛林到地面再到太空，人类突破了自身生存空间的局限；从石刀到青铜器再到机器人，人类突破了自身生产方式的局限；从生命的有限到精神的永恒，人类突破了生命短暂的局限……人类总是在突破局限中不断前行。毋庸讳言，人类在弥补自身生命缺憾或突破生命局限的时候，往往力不从心，这就需要人与人之间彼此的关怀与照顾。

（1）生命有很多局限

生命的局限，主要存在于两个方面：一是先天遗传或者后天灾祸造成的人的生理和心理局限，比如智力障碍、肢体残缺等；二是社会环境、生存环境对我们自身的发展所造成的限制，比如形体相貌、智商基础、家庭环境等。所有这些局限都是与生俱来的，无法选择的。

人的心理因素更为复杂。无论是认知、情感、意志等心理过程，还是兴趣、能力、性格等个性心理，都不同程度地存在着一定的局限。人的心理还会受环境的影响有所改变。比如，社会制度与经济基础、文化传统与习俗、价值观念与生活条件等，都会影响人的心理，改变人的心理。这也是人的心理局限的重要表现。

中小学是人的自我意识初步确立和形成的阶段，这一时期青少年一般思想都比较单纯、敢想、敢说、敢做、敢当，自尊心和自信心逐步增强。但是，其心理尚未发育成熟，人生观、价值观尚未确立，往往把坚定与执拗、勇敢与蛮干、无畏与冒失等混同起来。尤其是进入中学以后，受到升学、考试、交友以及与家长沟通等环境因素的影响，心理常常出现不良反应，如厌学、焦虑、抑郁、偏执等。因此，我们一定要努力克服自己的心理局限，不要在这些局限中迷失了自我。

（2）积极面对生命的局限

懂得了生命会存在很多局限，我们就应该以一种积极的态度去面对这些局限。

首先，要接受自己的局限、认识自身的不足，这能让自己的头脑更清醒，从而换来一生的从容。我们只有承认并正视自身的局限，才有可能超越和驾驭它。能够接纳自身的缺憾与不足，不勉强自己在局限的边缘挣扎，这是对自己生命的一种成全。

然后，我们要对自己的局限做出理性的分析。如果局限是通过自己的努力能克服的，就应义无反顾去突破它；如果局限是自己无法突破的，就应尽力把局限带来的负面影响减少到最小程度。理性地分析自己的局限，需要大智慧。除了要有豁达的心态，还要善于扬长避短，学会放弃。武汉的舟舟智商不高，在文化学习上难有建树，就充分发挥他在音乐方面的特长，最终成为一名舞台音乐指挥家。积极地面对人生的局限，就要有在局限面前具有善于变通，谋求发展的智慧。

（3）挑战人生的局限

人类在征服大自然的过程中，借助特殊的装备可以突破高温、高寒、缺氧、有毒、失重等特殊环境对生命的局限，进而科学探索活动。譬如，我国神舟飞船飞上太空，蛟龙号深潜海底，并成功开展科学实验，航天员和潜水员都需突破许多生命的局限。

3. 寻求生命的永恒

生命是短暂的，也是永恒的。我们不能碌碌无为地虚度一生，而要努力追求一份生命的永恒。

（1）活出生命的意义

生命的意义首先就是生命本身。青春期是生命成长的一个重要阶段，承上启下，对生命价值观的形成具有特殊的意义。从个体而言，活着，就表明一个有血有肉的"自我"的存在；活着，就表明希望的存在，我们才可能有自己想要的人生。从社会层面讲，其意义也是显而易见的。没有过去生命的存在，就不会有现在生命的繁衍；没有单一生命的存在，就不会有社会这个群体。

生命的意义还在于生命是一定社会关系的产物。生命作为一种存在，是与环境、与社会彼此关联，彼此依存的。生活中，我们常说，某某人给了我不少帮助，某某朋友对我很重要，这些都说明了生命与生命之间存在种种依存关系。我们的生命不仅属于自己，还属于身边每一个关爱我们的人。

我国著名文学家巴金说："生命的意义在于奉献而不在于享受。"生活的目的在增进人类全体之生活，生命的意义在创造宇宙继起之生命。为人类的发展而活，为宇宙的延续而活，这应该是很高的境界。

生命的意义因人而异，因时而异。因此，我们不能只思考生命的一般意义，更要思考一个人在某一阶段中的特殊意义。痛苦中活出快乐，逆境中活出坚强，平凡中活出精彩，都应视为生命的意义。美国女孩莉斯·默里以亲身的经历告诉我们，只有当自己赋予生命意义的时候，生命才有了意义。

莉斯·默里的父母都染上了毒瘾，她8岁就开始了乞讨的生活。15岁时，母亲死于艾滋病、父亲进了收容所，她从此便流落街头。默里在17岁时决定回到学校读书，改变自己的命运。她用两年的时间完成了4年的课程，获得"纽约时报"一等奖学金，并以全优的成绩考入哈佛大学。她以不向命运屈服的意志面对人生，追寻心中的梦想，最终成就了自己独特的人生。

（2）品尝幸福的滋味

人们普遍认为，现在的中小学生郁郁寡欢的多，阳光、朝气的少。衣食无忧，能上学念书，孩子们为什么没有幸福感，快乐不起来呢？中、日、韩、美四国高中生权益状况的比较研究显示，学习太紧张是四国高中生最大的烦恼，而中国高中生每天学习的时间最长。调查发现，78.3%的中国普通高中生每天在校学习时间在8小时以上，有的更长；学习生活单调而又紧张，语数外、政史地、理化生轮番登场；作业一科比一科多，习题一道比一道难……这对于十来岁的少年而言是难以承受的。更何况，学校评价模式的功利化，让"考试分数"成为衡量学生优秀与否的唯一标准。只有那些学习能力强、学习成绩好的孩子们才能得到肯定，而绝大多数学生长年生活在失败的阴影中，他们没有成就感，自然就感觉不到幸福了。

教育专家们认为，一个人如果从小幸福感缺失，没有幸福的基石，成年后想幸福也很困难。因此，幸福人生教育也就成为中小学生命教育的重要内容。

首先，我们要深化教育改革，让教学内容鲜活起来，让质量评价多元化。学校生活丰富多彩，应该成为学生幸福生活的源泉。四川省阆中市是我国农村教育改革的一面旗帜。他们在"做朴素而幸福的教育"实践中，提倡乡村教育要有乡村的气息，要培养孩子们对农村的感情。他们不再以"穿草鞋还是穿皮鞋"来激励学生们拼分数，拼高考，而是根据乡村教育的实际，建设书香校园、生态校园，让学生们从中感受到学校生活的情趣，发展自己的兴趣与特长，找回做人的自信与尊严。天宫中心学校有一片10亩地的劳动基地，建在学校运动场和一条清澈的小河之间，风景如画。多年来，那里成了孩子们学习农作物知识与栽培技术的乐园。八年级的梁滢同学在作文中写道："我们期待着每周二的劳动课，因为我们可以轮流在自家的'开心农场'里动手劳动。当有知识的'新农民'，是我们最开心、最快乐的时刻。"眼看着一些村民慕名前来学习大棚种植、黄瓜吊藤、滴灌等技术，学生们又增添了一份成功的自信。

其次，我们要注意培养学生感知幸福的能力。毕淑敏说："想要得到幸福，首先得有感知幸福的能力才行。心灵的幸福比什么都来得重要。一个没有感知幸福能力的人，无论得到再多，都不会幸福。"幸福是客观的存在，幸福更是主观的感受。爱、恨、情、仇、喜、怒、哀、乐是我们生命中的基本情愫，也是我们感知幸福的神经末梢。在生活中，我们要掌控好这些情愫，让它们朝着积极的方向发展。比如学习压力问题，有人欣赏，有人惧怕。只要勇敢面对，压力就可能转化为成功的喜悦，哪怕只是小有进步，我们的心灵也会得到极大的满足。因为每个人对幸福的理解都有其内在的标准，达到了，就幸福了，没必要去和别人攀比。作家李敖在《零度生存境界》中写道："活着就应该享受当下，生活的每一天、每一刻都应该是有滋有味的，只要你用心感觉就是了。"用心感受，快乐生活，这是一种生活态度，更是一种感受幸福的方式。

（3）追求人生的价值

爱因斯坦说，人只有献身于社会，才能找出那短暂而有风险的生命的意义。即便生命渺小得微不足道，我们的社会行为也不会等于零。造福他人，影响社会。我们的生命因追求而凸显出特有的价值。

何国英是广西大学动物科技学院2002级研究生，28岁。从大学二年级开始，她先后患直肠癌和肺癌，几次大手术、一次又一次的化疗将这个身高一米六的女孩折磨得不到70斤。但她以惊人的毅力一边治疗，一边攻读"动物营养与饲料科学"，和其他同学一道完成硕士学业，论文答辩为"优秀"。就在答辩通过后的第34天，她安静地离开了人世。她在遗书中这样写道："使命已经结束，我可以离开了，希望大家不要为我难过。"

何国英对农村一往情深。她选择了一个很"土"的课题：非常规饲料——构树叶的营养价值评定研究。她对导师说："我家在农村，我喜欢这个'土'课题，构树叶在广西农村到处都是，如果能做成饲料，让农民用很低的成本养猪养鸡，不就可以帮助农民脱贫致富了吗？"看着眼前这个身患绝症的学生，导师无言以对，只嘱咐说，这个研究很辛苦，多注意身体。

2004年7月，她正受着癌细胞的袭击，整夜睡不着，只能坐着。在这种刀割般的疼痛折磨中，何国英开始了异常艰辛的科学研究。做动物消化实验需要从事大量体力活，首先要自己养鸡养猪，每天搬运饲料、调和饲料，然后喂猪、鸡，还要收集鸡、猪的粪便、尿液，打扫鸡舍、猪舍；天气炎热，每天要给猪冲十几次水；消化实验要煮树叶，一煮就是几个小时，人不能离开。她每天和师妹们从宿舍到鸡场，从鸡场到实验室，骑车转场连轴转，两三个月风雨无阻，正常人都累得不行，但她没有一天落下。

2005年三四月份，实验进入关键时期。她的身体剧烈地疼痛，呼吸困难，咯血。她把氧气瓶搬到实验室，一边吸氧，一边做实验。

在生命的最后阶段，她恳求医生："你一定帮我顶住，答辩完论文，我才可以安心离去。"有人惊异于这瘦小的身躯何以蕴藏这么巨大的能量，她的弟弟说："姐姐最大的心愿是用她的研究造福农村，让农民受益。"

（改写自新华网　杨越/文）

人生的价值可以自己认定，然而更多的是要为社会所认同，为公众所认同，只有当个人认定的价值与社会认同的价值达到和谐统一的时候，人生才会有真正意义上的价值。我们要赋予生命以积极的意义，让自己的人生追求符合社会发展的趋势，符合人类进步的要求，符合自身完善的需要，让自己的思想行为对社会具有积极作用和意义。这样，我们才能在实现伟大的抱负中去创造生活，创造价值，描绘出人生的美丽画卷。

4. 死亡是生命的归宿

人有生，必然有死，这是一条不可抗拒的自然规律。正是生生死死，构成了生命世界的丰富多彩和延续不断。尽管科学技术不断发展，人的寿命可以不断延长，但人终究有一天会走到生命的尽头。因此，坦然面对死亡，是我们应有的正确态度。

探索死亡与生命的关系，正确地认识死亡，对于我们珍惜生命，珍爱生活，具有十分积极的意义。

（1）死亡是生命的一部分

死亡是什么？有人说，死亡是上帝对罪恶的惩罚；有人说，死亡是命运女神对人类的钟爱；有人说，死亡是对尘世纷扰的逃避；还有人说，死亡是大自然赐给人类的恩惠……其实，死亡是生命的一个过程。生是开始，死就是结束。正如花开花谢、草木荣枯一般，有生必然有死，这是自然界的一个基本法则。生与死构成了生命的完整性，生与死是生命不可缺少的要素，人的死亡是生命的一部分，死是生命完美的结局。

哲学上，人们将生与死视为人生的两个"极点"。对死的恐惧和对生的留恋，构成了人的普遍情感，愿生不愿死。这在一定程度上影响着我们对死亡的认知。培根曾说，与其愚蠢而软弱地视死亡为恐怖，倒不如冷静地看待死——把它看作人生不可避免的归宿。我们认识到死亡使生命有限，会更加珍惜自己年轻的生命！

判断死亡的标准是什么呢？很久以来，人们对死亡的认识是这样的：一个人心脏停止跳动，自主呼吸消失，就是死亡。把心脏视为维持生命的中心，这一概念一直指导着传统医学与法律。

随着医学的发展和社会的进步，采用心脏死亡作为死亡标准的传统做法受到了挑战，于是有人考虑新的死亡标准——脑死亡标准，以脑干或脑干以上中枢神经系统永久性地丧失功能为参照系而宣告死亡的标准。一般认为，判断脑死亡的标准有四条：不可逆的深度昏迷，自发呼吸停止，脑干反射消失，脑电波消失或平坦。1983年，脑死亡标准基本完善。不过，现在只有少数国家（如美国）把心肺死亡标准和脑死亡标准同时作为法律上认可的死亡标准。

死亡概念的确定，在医学上和法学上都有着十分重要的意义。宣告一个人死亡，意味着可以合法地撤除对他的一切抢救措施，意味着对其身体可以进行医学或法学的解剖，其有用的器官组织可以移植给需要的人，等等。

（2）敬畏生命，向死而生

面对这个色彩缤纷的世界，要追求的东西很多很多。然而，我们的生命太过稚嫩，有时甚至有一种不堪重负的感觉。我们不应该以一念之差选择放弃生命。这样既辜负了生命本身，也辜负了养育生命的父母和亲人。生命对于我们每个人只有一次。生命是宝贵的，生命也是神圣的！为了享受"生如夏花之绚烂"，为了生命所肩负的责任，我们应该保留对生命最起码的敬畏！生命，因人的敬畏而有存在的意义。

海德格尔说，人是"向死而生"的。他认为，人只要还没有亡故，就以"向死"的方式存在着。因此，要珍惜自己的生命，进而活出自己的价值。人的死亡是相同的，但死亡的价值和死后的影响却是不同的。有的人为了人类的自由和解放慷慨就义，有的人为了追求自己崇高的理想事业毅然赴死，有的人为了维护国家利益或救助他人的生命而不惜牺牲自己的生命……他们用不朽的"死"，提升了自己的人生价值。于是，世人纪念他们：人虽逝去，精神永驻。

（3）坦然面对死亡

培根在《论死亡》中指出，死亡与生命都是自然的产物，婴儿出世可能与死亡一样痛苦。有生必然有死，这是人生不可避免的归宿。我们每一个人都要坦然面对。

为悼念逝去的生命，不同民族、不同地区、不同国家的人们则采用了不同的方式。丧葬仪式，是人生最后的一项"脱离仪式"，它寄托着生者对死者深深的悼念之情。尽管丧葬形式和丧葬意识有很大的区别，但都表达了人们对死者的态度，以及对死亡的理解和认识。扫墓，是祭祀死者的一种活动。清明节是我国法定的传统节日，也是最重要的祭祖和扫墓的日子。它表达了我们对逝者的缅怀与尊重。

资源示例

田维是一个白皙清纯、明眉大眼、文气活泼而又端庄持重的美丽女孩。她爱写作，文笔清新淡雅，情愫细腻善感。看上去她很柔弱，可是她面对死亡的那种精神和态度，却比大多数人都来得勇敢。

这美丽的女孩，15岁就患上绝症，但她依然坚强、乐观、开朗。她坚持学习和写作，以一颗感恩的心观察生活、感受生活，用日记的形式记录着生活中的点点滴滴。她写朋友，写初到的爱情，写一池荷花，写四季的更替，写人生的感悟，而更多的是写无处不在的爱。2007年8月13日晚上，她花一般美丽的生命被病魔带走了。她走了，但她留下了一个美丽女孩最后的生命独舞，留下了一本让我们读着既感亲切又感疼痛的《花田半亩》。

"我们来自偶然，生命是宝贵的礼物，爱你所爱的人，温柔地对待一切，不要因不幸而怨恨和悲戚……因为有爱，我们不该恐惧。"

"倘若，这世上从来未有我，那么，又有什么遗憾，什么悲伤？生命是跌撞的曲折，死亡是宁静的星。归于尘土，归于雨露。这世上不再有我，却又无处不是我。"

"妈妈说，如果能够再次孕育你该多好。你仿佛在怨恨自己，将我生成多病的身躯。妈妈，我却时常感谢你，你给我的生命。即使这身躯，有许多不如意，但生命，从来是独一无二、最可宝贵的礼物。我感谢，今生是你的女儿，感谢能依偎在你的身旁，能够开放在你的手心。妈妈，不幸是我们共同的命运。幸福，却是更深切的主题。"

"迎接所有安排，而无所怨恨和悲戚，从容淡定。这样的生命，将是骄傲而尊贵的。我于是决定拒绝狼狈，拒绝一切忧伤。虽然，我落下了眼泪，那是因为切肤般感同身受的疼痛，因为太多的深爱。"

田维对待死亡的态度，使我们"在死亡的哭泣中，看到了生命的欢颜"。

（根据田维：《花田半亩 . 序》改写）

教学建议

2010年1月10日，"2009年最值得一读的30本好书"评选揭晓。《花田半亩》名列其中，从这本充满了爱、感恩与真诚的日记体散文集中，人们认识了田维。

著名作家梁晓声这样评价说："《花田半亩》是一部写在制高点上的'80代'心灵史。书里所表达出的情感可以看作是代表整个这一代孩子对成人主宰的世界的告白，是让我们去理解'80代'最向上的最阳光孩子的心灵史。"

田维对生命的追问，对生活的思考，对我们仍然具有现实意义。我们的生命成长需要真、善、美的启蒙与引领！

1．阅读《花田半亩》这本书。

2．组织一次读书交流活动。

3．思考：如何让自己的生命更有意义？

后　记

　　生命教育正式进入我国中小学校已经十多个年头了。但我们对生命教育的认识仍然十分有限。在基层，我了解到一线教师对生命教育的认识比较零碎，渴望能有一些系统的学习和全面的把握，以便更好地实施生命教育。于是，我有了与老师们一道分享参与全国教育科学规划"十一五""十二五"生命教育课题研究心得的打算。

　　几年来，断断续续，我分别编写出《让教育的生命之花尽情绽放——中小学生命教育的认识与实践》《生命，值得我们来过》《让生命沐浴在爱的阳光下——中小学生命教育课程故事》三本小书，力图从"生命教育是什么""生命教育教什么"和"生命教育怎么教"等侧面，与老师们交流学校生命教育实践中遇到的一些问题。

　　《让生命沐浴在爱的阳光下——中小学生命教育课程故事》一书，已于2010年10月由北京师范大学出版社出版发行，并被《中国教育报》评为2011年度"影响中国教师的100本图书"之一。

　　这套书的问世，得益于广大生命教育课题实验学校的探索与研究，得益于北京师范大学肖川教授、华中师范大学郭元祥教授等的精心指导。在此，谨向一线广大实验教师和专家教授们表示衷心感谢！同时，我还要感谢广东大昌教育图书有限公司雷才明同志对课题研究的大力支持。

　　生命教育是个全新的课题，本人资料有限，研究肤浅，愿抛砖引玉，就教于同行。

胡修金

2016年1月